De verborgen taal
van het symbool

♈ ♍

De verborgen taal
van het symbool

Magie, beeld en betekenis

DAVID FONTANA
illustraties: Hannah Firmin

Fibula

Copyright © 1993 Duncan Baird Publishers Ltd
Text copyright © 1993 David Fontana
Artwork copyright © 1993 Duncan Baird Publishers Ltd
(Voor het copyright van de foto's zie de
Illustratieverantwoording op blz. 188)
Copyright © Nederlandse vertaling 1994 Fibula/Unieboek b.v.,
Postbus 97, 3390 DB Houten

Tweede druk, 1995

Typografie: Rob van den Elzen bNO
Nederlandse vertaling: P.H. Geurink
Oorspronkelijke titel: The Secret Language of Symbols

ISBN 90 269 6360 2/CIP
NUGI 626

Alle rechten voorbehouden. Niets uit deze uitgave mag worden
verveelvoudigd, opgeslagen in een geautomatiseerd gegevensbestand,
of openbaar gemaakt, in enige vorm of op enige wijze, hetzij
elektronisch, mechanisch, door fotokopieën, opnamen of enig andere
manier, zonder voorafgaande schriftelijke toestemming
van de uitgever.

"De naakte waarheid is in de wereld niet te vinden, de waarheid gaat gehuld in symbolen en beelden. Langs een andere weg kan men geen waarheid vinden... De bruidegom moet door het beeld tot de waarheid komen."

Evangelie van Sint-Philippus

Inhoud

8
INLEIDING

11
De visie van Jung

13
Archetypen

18
Culturele perspectieven

21
DE KRACHT VAN SYMBOLEN

22
Symbolen in de prehistorie

26
Goden en mythen

30
Rituelen, magie en gebed

32
Mannelijk en vrouwelijk

34
Tegenstelling en eenheid

36
Wederzijdse beïnvloeding

39
SYMBOLEN EN HUN TOEPASSINGEN

40
Symbolen in de kunst

44
Het zoeken naar innerlijke wijsheid

46
Droomsymbolen

51
DE WERELD DER SYMBOLEN

52
Vormen en kleuren

54
Gewijde geometrie

60
Mandala's en yantra's

62
Doolhoven en labyrinten

64
Cijfers en geluiden

66
Kleuren

68
Voorwerpen

70
Koninklijke waardigheid, positie en inwijding

72
Oorlog en vrede

74
Muziekinstrumenten

75
Knopen, koorden en ringen

76
Gebouwen en monumenten

78
Dieren

80
Draken en slangen

83
Heraldische dieren

84
Honden en wolven

85
Katten

86
Vogels en het vliegen

88
Vissen en schelpen

90 Apen en olifanten	*114* Aarde	*141* **SYMBOOLSTELSELS**
91 Schapen en geiten	*115* De regenboog	*144* Occulte systemen
92 Stieren, herten en beren	*116* Donder en bliksem	*146* Alchemie
93 Zwijn (varken)	*117* Dag en nacht	*152* De kabbala
94 Lagere schepselen	*118* Sieraden en kostbare metalen	*156* Astrologie
95 Hybridische wezens	*120* Zon, maan en sterren	*168* Tarot
98 **De natuur**	*122* **Menselijke en spirituele symbolen**	*180* Tantra
100 Bomen	*124* Seksualiteit en vruchtbaarheid	*182* Chakra's
104 Bloemen en planten	*126* Lichaam, jeugd en ouderdom	*184* I Tjing
106 Voedsel en drank	*129* Goed en kwaad	
108 De elementen	*130* Stralenkransen, maskers en schaduwen	
109 Lucht	*132* Goden en godinnen	*186/187* Glossarium/Bibliografie
110 Vuur	*136* Heksen, priesters en tovenaars	*188* Illustratieverantwoording
112 Water	*137* Hemel en hel	*190* Register

Inleiding

Symbolen geven op een indringende manier uiting aan het wezen van de mens. Alle culturen in alle tijden hebben symbolen gebruikt. Vanaf hun oudst bekende toepassing in paleolithische grotschilderingen hebben symbolen altijd deel uitgemaakt van de beschavingsontwikkeling. Toch zijn symbolen meer dan louter culturele 'voortbrengselen': als ze in de juiste context worden gebruikt, spreken ze ons verstandelijk, emotioneel en geestelijk nog steeds sterk aan. Symbolen bestuderen is de mens bestuderen.

Menselijke communicatie is grotendeels gebaseerd op tekens in de vorm van gesproken of geschreven woorden, beelden en gebaren. Maar dit soort tekens zijn alleen maar plaatsvervangers van de werkelijkheid – het zijn bewust geconstrueerde en gemakkelijk te herkennen codes voor aanwijsbare voorwerpen, handelingen en ideeën. Ze zijn vrij nauwkeurig: kaarten, verkeersborden, de woorden in een studieboek en de geluiden die we maken om aanwijzingen te geven zijn alle bedoeld om ondubbelzinnige en bondige informatie te verschaffen. Maar er bestaat nog een andere, even belangrijke maar minder expliciete communicatievorm en die heeft te maken met onze psychologische en spirituele binnenwereld. Voor onze innerlijke wereld kan een symbool verwijzen naar een diepe intuïtieve wijsheid die niet op een directe manier geuit kan worden.

Oudere beschavingen beseften de kracht van symbolen. Ze werden uitbundig toegepast in kunstuitingen, godsdiensten, mythen en rituelen. Hoewel het westerse rationalisme symbolen graag wegmoffelt, is de psychologische betekenis van symbolen vandaag de dag nog even sterk als vroeger en komen ze nog steeds veel voor in kunst, literatuur en film, en in de verhalen waar elke nieuwe generatie kinderen weer dol op is. Diepgewortelde symbolen worden onopvallend en cynisch in reclame toegepast en zelfs in de beelden en retoriek waarmee politici campagne voeren. De meeste mensen komen vooral in hun dromen in contact met krachtige symbolen; maar we zien ze ook in spontane schilderijen en tekeningen van kinderen en mensen die in therapie zijn.

Carl Gustav Jung, de Zwitserse psycholoog en psychotherapeut aan wie we veel van onze kennis over de belangrijke rol van symbolen in ons psychisch leven spelen hebben te danken, heeft een onderscheid gemaakt tussen symbolen en de bewust geconstrueerde tekens die we dagelijks gebruiken. Hij definieerde symbolen als 'termen, namen of zelfs beelden waarmee we in het leven van alledag weliswaar vertrouwd kunnen zijn, maar die naast hun conventionele en voor de hand liggende betekenis ook specifieke

associaties oproepen. Ze impliceren iets wat vaag, verborgen en onbekend is'. Een symbool welt op uit het onbewuste als een spontane uiting van een diepe innerlijke kracht waarvan we ons bewust zijn, hoewel we het niet volledig in woorden kunnen vangen. Symbolen zijn in Jungs woorden 'een eeuwige uitdaging voor onze gedachten en gevoelens. Dat zou kunnen verklaren waarom een symbolisch werk zo stimulerend is en ons zo diep raakt...' Bepaalde soorten symbolen vormen een universele taal, omdat de beelden en hun betekenissen culturele grenzen en de tijd te boven gaan. De symbolen waaruit deze taal bestaat, zijn de natuurlijke uiting van psychologische krachten.

Mensen voelen zich aangetrokken tot symbolen en hun belangstelling ervoor is in de regel snel gewekt. Misschien omdat we intuïtief aanvoelen welke rol symbolen in ons binnenleven spelen en ze zo goed bij onze gevoelens aansluiten. Het doel van dit boek is deze belangstelling te stimuleren en – door te putten uit de psychologie, oosterse en westerse spiritualiteit, antropologie en geschiedenis – de toegang tot de wereld der symbolen te vergemakkelijken.

Hiërogliefen
Hiërogliefen, de oudste vorm van het Egyptische schrift, bestaan uit een intrigerend mengsel van tekens en symbolen. De karakters zijn gestileerde, maar herkenbare plaatjes van natuurlijke of door de mens gemaakte voorwerpen, waarvan sommige iets betekenen en andere alleen een fonetische waarde hebben. Hoewel hiërogliefen primitief lijken, kan men er precies hetzelfde mee doen als met onze eigen taal. Het schrift werd als heilig beschouwd en hoofdzakelijk in een religieuze of ceremoniële context gebruikt.

Emblemen
Symbolen kunnen tot tekens of emblemen worden die alleen als herkenningsmiddel dienen. Het christelijke symbool van de drie vissen (zie blz. 88) heeft op dit 15de-eeuwse schilderij alleen de functie van een heraldisch embleem.

De visie van Jung

Moderne theorieën over de betekenis en toepassing van symbolen zijn grotendeels gebaseerd op het pionierswerk van Carl Gustav Jung. Jung analyseerde de dromen van normale, neurotische en psychotische patiënten en ontdekte dat bepaalde sterke symbolische beelden steeds terugkeerden, zoals 'het kennelijk universele symbool ... [van] de mandala' (zie blz. 60). Bovendien werd hij gefascineerd door de overeenkomst tussen de beelden die tijdens analysen opdoken en de symbolen die gebruikt werden in oosterse en westerse godsdiensten, mythen, legenden en rituelen, en in het bijzonder in esoterische richtingen als alchemie (zie blz. 146). Jung concludeerde niet alleen dat sommige symbolen een universele betekenis hebben, maar ook dat ze een belangrijke rol spelen in de psychische processen die ieder aspect van het denken en doen van de mens beïnvloeden.

Jung geloofde dat de psyche van de mens – dat is de som van bewuste en onbewuste geestelijke activiteit – een duidelijke en waarneembare structuur had. Het bewustzijn was opgebouwd uit gedachten en daden die aan de wil onderworpen waren. Daaronder ligt het *voorbewustzijn*, de zetel van de geestelijke vermogens en herinneringen die gemakkelijk naar het bewustzijn kunnen worden geroepen, en het *persoonlijke onbewuste*, een enorm reservoir van persoonlijke herinneringen (waarnemingen, ervaringen en onderdrukte verlangens), waarvan we af en toe iets merken als de inhoud via dromen of plotselinge herinneringsflitsen in het bewustzijn terechtkomt. Nog dieper in de psyche bevindt zich het *collectieve onbewuste*, de zetel van de instinctieve gedachten- en gedragspatronen die door duizenden jaren menselijke ervaring zijn geworden tot wat we nu bestempelen als emoties en waarden. Deze collectieve oerbeelden kunnen niet in het bewustzijn worden opgeroepen, ze kunnen alleen bestudeerd worden in een symbolische vorm, gepersonifieerd als mannen of vrouwen, of als beelden die wij op de buitenwereld hebben geprojecteerd. Jung heeft deze oersymbolen *archetypen* genoemd en hij was ervan overtuigd dat ze het gemeenschappelijke erfgoed van alle mensen vormden.

Volgens Jung is een mens gezond als er een dynamisch evenwicht bestaat tussen het onbewuste en bewuste deel van zijn geest. Hij stelde dat psychische energie (de 'levenskracht') van het onbewuste naar het bewustzijn stroomt om de behoeften van de bewuste geest te bevredigen en in omgekeerde richting het onbewuste. Elke onderbreking van deze *progressie* of *regressie* betekent dat de integratie van de polaire krachten in de psyche is mislukt. Het gevolg is een innerlijk conflict. Bewustzijn en onbewuste vormen niet de enige psychische tegenstelling, andere psychische factoren bestaan eveneens uit 'tegenstellingen', zoals intuïtie versus rationaliteit, emotie versus verstand, instincten versus spiritualiteit. Dit geldt zelfs voor karaktertrekken: extravert versus intro-

Carl Gustav Jung
Jung, geboren op 26 juli 1875 in Kesswil (Zwitserland), groeide op in een klimaat dat werd beheerst door de tradities van de Zwitserse kerk. Zijn vader en acht ooms waren geestelijken en ook Jung leek voorbestemd voor het ambt van dominee. Aanvankelijk worstelde Jung met het probleem om God en het bestaan van de mens in termen van het christelijke geloof te verklaren, maar de antwoorden bevredigden hem niet (vooral niet, omdat hij begon te twijfelen aan het geloof van zijn vader). Zijn rusteloze, onderzoekende geest leidde hem naar Plato, Pythagoras en Heraclitus, wat mede heeft bijgedragen aan zijn beslissing om medicijnen en psychiatrie te gaan studeren. Hij bezocht de Universiteit van Bazel en werd in 1900 medewerker in het psychiatrisch ziekenhuis Burgholzli in Zürich, waar hij door zijn werk met associatietesten een internationale reputatie verwierf.
Jungs vriendschap met Sigmund Freud – de grondlegger van de psychoanalyse – dateert van 1907. Ze hebben vijf jaar nauw samengewerkt. Jung heeft een aantal interessante bijdragen geleverd aan de psychoanalyse. Zijn kritiek op Freuds benadering nam echter toe en hij concentreerde zich volledig op de beschrijving van psychologische typen (Jung heeft als eerste de termen 'extravert' en 'introvert' gebruikt) en het verkennen van het collectieve onbewuste door middel van mythen en symbolen. Door zijn historische invalshoek kon Jung een vorm van psychotherapie ontwikkelen die met name geschikt was voor bejaarden en patiënten van middelbare leeftijd voor wie het leven geen zin meer had.
Een groot deel van zijn verdere leven heeft Jung besteed aan het bestuderen van materiaal uit het onbewuste van hemzelf en zijn patiënten. Hij analyseerde de mythen en symbolen van verschillende culturen en werkte aan zijn eigen psychologische theorieën. Hij is in 1961 in Küssnacht (Zwitserland) overleden.

vert, antipathie versus sympathie, negativiteit versus conformisme. Jungs inzicht, dat archetypische symbolen kunnen worden gebruikt om de grenzen tussen bewustzijn en onbewuste af te tasten, heeft grote invloed gehad op zijn klinische technieken. Hij analyseerde de symbolen uit de dromen van zijn patiënten, omdat hij ze zag als vitale aanwijzingen voor hun psychische problemen en als indicatoren voor hun herstel. Jungs technieken worden in de psychotherapie veel toegepast; zo kan men een patiënt vragen over een symbool te mediteren of associaties te geven om achter de betekenis ervan te komen. Als de betekenis duidelijk wordt, krijgt de patiënt niet alleen nieuwe inzichten in zijn eigen geest, maar zal gewoonlijk ook ontdekken dat zinnige symbolen met steeds grotere regelmaat opwellen, alsof ieder symbool een deur in het onbewuste opent waardoor andere symbolen kunnen binnentreden.

Hoofdzakelijk door zijn ideeën over symbolen heeft Jung moeten breken met zijn vriend en mentor Sigmund Freud. Ook Freud hechtte grote waarde aan symbolen om de menselijke geest te leren kennen, maar voor hem vertegenwoordigden ze onderdrukte seksualiteit of hadden een duidelijk bepaalde geestelijke inhoud. In de Freudiaanse theorie wordt bij voorbeeld alles wat rechtop staat, zich kan oprichten of kan penetreren als een symbool van het mannelijk geslachtsorgaan gezien, terwijl alles wat gepenetreerd of binnengegaan kan worden een symbool van de vrouw is. Freud heeft ontelbare symbolen van de mannelijke en vrouwelijke geslachtsorganen opgesomd, uiteenlopend van kerktorens en biljartstokken voor de man en grotten en handtasjes voor de vrouw. In termen van Jung zag Freud symbolen als niet meer dan tekens – concrete voorstellingen voor een bekende werkelijkheid. Voor Jung waren de mannelijke en vrouwelijke seksualiteit echter uitingen van dieper liggende creatieve krachten. In zijn visie kan ons verstand wel zeggen dat een symbool een duidelijke seksuele lading heeft, toch kan men dan nog dieper gaan en in het symbool een andere laag en andere implicaties ontdekken en een metaforische en raadselachtige schets van psychische krachten blootleggen.

Jung en de alchemisten
Alchemistische symbolen in de dromen en fantasieën van zijn patiënten brachten Jung tot de opvatting dat deze symbolen indringende uitingen waren van archetypische krachten. In Jungs ogen was de ontwikkeling van religieuze opvattingen een altijd doorgaand proces, noodzakelijk voor de groei van het menselijk bewustzijn waarin een bijzonder belangrijke rol werd gespeeld door alchemistische elementen omdat deze het collectieve onbewuste blootlegden.

Archetypen

De mens heeft altijd symbolen gebruikt om uiting te geven aan zijn inzicht in de dynamische, creatieve krachten achter het leven: de elementen, goden of kosmos. Op een meer praktisch niveau zijn symbolen, vooral symbolische verhalen als mythen en legenden, gebruikt om uiting te geven aan abstracte begrippen als waarheid, rechtvaardigheid, heldhaftigheid, genade, wijsheid, moed en liefde. In Jungiaanse termen betekent dit dat ieder mens geboren is met een instinctieve voorkeur voor deze kwaliteiten, eigenlijk een set innerlijke blauwdrukken van wat het betekent een compleet mens te zijn. Deze blauwdrukken of archetypen hebben een dynamisch aspect: we kunnen ze voorstellen als bundeltjes psychische energie die invloed uitoefenen op onze kijk en reacties op het leven en ons tevens helpen motieven, idealen en bepaalde facetten van onze persoonlijkheid te cultiveren. Hoewel archetypen diep in het onbewuste liggen, kunnen ze geprikkeld worden en in het bewustzijn verschijnen, maar alleen in de vorm van symbolen of symboolstelsels.

Volgens Jung hangt onze psychische gezondheid samen met de mate waarin we de conflicterende archetypische krachten in onszelf aanvaarden en verwerken. Dat kunnen we bevorderen door psychotherapie, nauwgezette bestudering van droomsymbolen of van de symbolen zelf uit te gaan. In plaats van te wachten totdat archetypen in het bewustzijn opduiken, kunnen we over bestaande symbolen mediteren en langs deze weg het onbewuste binnengaan. Het streven naar zelfkennis door middel van symbolen is niet exclusief voor de psychologie van Jung: zelfkennis is een aspect van de spirituele verlichting die door alle grote filosofieën en godsdiensten wordt nagestreefd. Volgens het Evangelie van Sint-Philippus, een oude christelijke tekst die in Nag (Egypte) is gevonden, zou Christus hebben gezegd: 'De naakte waarheid is in de wereld niet te vinden, de waarheid gaat gehuld in symbolen en beelden. Langs een andere weg kan men geen waarheid vinden... De bruidegom moet door het beeld tot de waarheid komen.'

Identificatie van archetypen

Op grond van de resultaten van zijn klinische onderzoeken en zijn studie naar tradities en mythen heeft Jung de belangrijkste archetypische invloeden op het menselijk denken en handelen kunnen identificeren. De *anima* is het vrouwelijke archetype, het collectieve, universele beeld van de vrouw zoals dat in het mannelijk onbewuste bestaat. De kracht van de anima komt tot uiting als sentimentaliteit en een neiging tot humeurigheid, mededogen en zachtheid (in de Chinese folklore wordt van een chagrijnige man gezegd dat hij zijn vrouwelijke ziel laat zien). In legenden en dromen verschijnt de anima als de in een toren opgesloten prinses of de geheimzinnige tovenares die magische

De animus
De animus van een vrouw – het mannelijke element in haar psyche – wordt sterk beïnvloed door de mannen met wie ze in haar leven contact heeft gehad (vooral haar vader) en verandert in de regel als zij zich psychologisch ontwikkelt. In haar eerste levensjaren zal haar animus belichaamd worden door de nadrukkelijk lichamelijke, archetypische man. Daarna kiest ze voor de actieve en ondernemende man, de romantische figuur (de ridder in zijn flonkerende harnas) op wie zij jeugdige verlangens projecteert. In haar latere leven wordt de animus een referentiepunt voor de objectieve werkelijkheid: de vrouw kiest voor degene die het woord beheerst, vaak in de persoon van een geestelijk leider of vaderfiguur.

formules prevelt. De anima kan zich negatief uiten als de harteloze, berekenende vrouw die een man alleen verleidt om hem af te wijzen zodra hij hopeloos in haar valletje gevangenzit. De *animus*, het collectieve beeld van de man in het vrouwelijke onbewuste, komt symbolisch naar voren als de ideale man: de held in flonkerende wapenrusting, de avonturier die een prins wordt of het kwaad overwint. Negatief uit de animus zich als de wrede, destructieve man die de vrouw als een lustobject behandelt en haar aan de kant zet als hij haar maagdelijkheid heeft ontnomen en zij hem verveelt. De negatieve kant van de animus zien we bij een vrouw als depressiviteit, machtshonger en vooringenomenheid.

De archetypen van animus en anima weerspiegelen universele patronen in de menselijke psyche, maar worden mede gevormd door individuele ervaringen. Zo zou een jongen die een slechte relatie heeft met zijn moeder zich onbewust kunnen vasthouden aan een overheersend negatief beeld van de vrouw of anima. Aspecten van zijn anima zou hij later op zijn relaties met vrouwen kunnen projecteren. Het kan ook dat zijn innerlijk welzijn op andere, minder directe manieren wordt beïnvloed. Een vrouw die op een man verliefd wordt kan op deze man alle positieve kwaliteiten en nobelheid projecteren die in haar animus leeft, al vertellen vrienden en het gezonde verstand haar anders.

Ook de andere archetypen zijn onderhevig aan sterke processen. Het archetype van de *moeder*, dat is de verzorgende en koesterende kant van de mens, toont zich al vanaf de geboorte als het kind de borst krijgt en zich aan zijn verzorger hecht. Het archetype van de *vader* komt gewoonlijk pas later naar voren (uit onderzoek blijkt dat een baby in de eerste levensmaanden een vrouwenstem boven een mannenstem verkiest). De vader is de baas in de materiële, tijdelijke wereld, terwijl de moeder de scepter zwaait in de onzichtbare wereld van emoties en gevoelens. Het positieve vaderarchetype staat voor de beschermer, de wijze koning uit sprookjes, de rechtvaardige opsteller van regels en de rechter. De negatieve kant van het vaderarchetype is de tiran, het kwade monster, de god Cronus die zijn eigen kroost verslindt.

Twee andere archetypen zijn de *bedrieger* en de *schaduw*. De bedrieger is de rebelse, psychische energie die het heerlijk vindt de status-quo te ontkennen of ter discussie te stellen. De bedrieger steekt een spaak in het wiel van alles wat vlot loopt en als we genieten van onze prestaties lacht hij ons uit en voorspelt rampen. De bedrieger heeft geen duidelijke morele opvattingen. Hij kent geen samenhangende principes, behalve onrust stoken en belachelijk maken. In het slechtste geval ondermijnt hij ons zelfvertrouwen en schopt onze geliefde overtuigingen onderuit, maar dat kan ook positieve kanten hebben, omdat

ARCHETYPEN 15

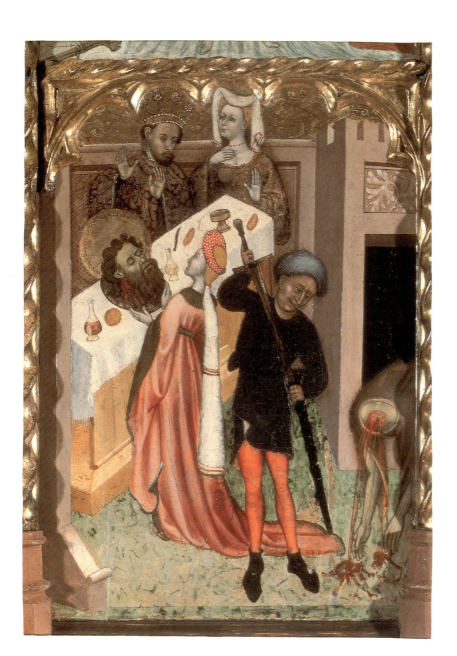

De anima
De anima – de belichaming van vrouwelijke elementen in de mannelijke psyche – neemt in mythen de gedaante aan van een godin, prostituée, fee of heks. De negatieve kant van de anima zien we vaak als de verleidster die haar charmes gebruikt om een man te vernederen of zijn ondergang te bewerkstelligen. Deze negatieve anima wordt op de afbeelding belichaamd door Salome, de bijbelse figuur die Herodes met haar dans betoverde en hem toen overhaalde Johannes de Doper te onthoofden. In positief opzicht worden aan de anima spirituele vermogens toegeschreven en ook verborgen kennis van de aarde, elementen en oceanen: deze kenmerken van de anima worden geprojecteerd op schepen (traditioneel vrouwelijk) en verwerkt in boegbeelden.

De moeder
In mythen en legenden verschijnt de moeder in de vermomming van Moeder Natuur, de rijke moeder aarde, vruchtbaarheidsgodinnen of zelfs zoogdieren als koe en wolvin. De destructieve kant van het archetype van de moeder (dat wil zeggen de hand die voedt kan ook onthouden worden) komt ook in mythen voor, bij voorbeeld in de gedaante van de verschrikkelijke Lilith uit de Hebreeuwse mythologie die verschijnt als een demon die 's nachts mannen en kinderen overvalt of als de berin die haar jongen verstoot en laat verhongeren in de wildernis.

het ons wakkerschudt uit onze gezapigheid en dwingt onze gevoelens opnieuw te bezien. De Noorse god Loki is nog het beste mythische symbool van de bedrieger – al naar zijn pet stond hielp of bedroog hij de andere goden.

De *schaduw* moeten we ook zien als een ontwrichtende kracht, maar van een andere aard. De schaduw is de koppige, zelfzuchtige kant van de mens, die volgens de westerse ethiek door en door slecht is. De op de buitenwereld geprojecteerde schaduw is de drang een zondebok te zoeken en degenen die zich niet kunnen verdedigen tot slachtoffer te maken. Maar de schaduw speelt ook een persoonlijke rol, want zij zorgt voor creatieve spanning met onze positieve archetypische kanten waarmee zij ons een innerlijk obstakel geeft waartegen we ons kunnen afzetten. Hoewel de schaduw een essentieel deel van de psyche is (het westerse bijgeloof wil dat de mens zonder schaduw de duivel zelve is), onderdrukken we haar gewoonlijk in onze eerste levensjaren, ons eerste socialisatieproces, om de liefde van onze ouders te verwerven. Het vergt nogal wat morele inspanning om de schaduw op latere leeftijd te leren accepteren, aangezien we er een aantal gekoesterde idealen voor zullen moeten opgeven.

ARCHETYPEN 17

De schaduw

De schaduw is een uiting van laag-bij-de-grondse, emotionele verlangens waarvoor we ons schamen en die we in ons onbewuste proberen weg te stoppen; de schaduw is de angst die ons tot duistere daden kan aanzetten als we onze zelfbeheersing verliezen. In het ongunstige geval kunnen we de schaduw verantwoordelijk stellen voor de wreedheden die mensen elkaar vanaf het begin der tijden hebben aangedaan. Op dit Indiase schilderij uit de 16de eeuw wordt de schaduw voorgesteld als de reus Zammoerrad, die wordt gedwongen in een put te verblijven. Ook Satan en Ariman (de kwade geest uit de leer van Zarathoestra) zijn belichamingen van de schaduw. Een modernere schaduw is Faust, die verveeld raakte in zijn academische leven en een verbond met de duivel sloot; of dr Jekyll die door zijn eigen gif in de kwade mister Hyde veranderde.

Culturele perspectieven

Jungs ideeën over symbolen kunnen de rijkdom en variatie van symbolen in uiteenlopende culturen maar gedeeltelijk verklaren. Als we aannemen dat de sterkste symbolen gebaseerd zijn op archetypen – dus op elementen van het collectieve onbewuste – dan kunnen we ons afvragen waarom hun betekenis en toepassing niet in alle culturen identiek is. In de christelijke kunst zijn genitaliën nooit als symbolen gebruikt, terwijl geslachtsdelen in het Oosten gerespecteerde spirituele symbolen zijn. In het Westen is een dikke buik een symbool van zwangerschap, terwijl de buik in China wordt gezien als een kenmerk van Sjen Ye, de god van de rijkdom; in India associeert men een dikke buik met Ganesja, de olifantgod van de heilige kennis en voor de Japanners is een dikke buik een symbool van energie en kennis. Zelfs de betekenis van kleuren verschilt per cultuur: in Noord-Europa staat geel voor bedrog en lafheid, in China is het de keizerlijke kleur, in de boeddhistische traditie wijst geel op bescheidenheid en verzoening en de Middenamerikaanse Maya's associëren geel met het Westen.

De verklaring voor deze verschillen is dat de symbolen die archetypische krachten vertegenwoordigen, gebonden zijn aan de grenzen van de menselijke creativiteit. Twee mensen die naar dezelfde wolken kijken, zullen er verschillende vormen in zien; zelden zullen twee mensen dezelfde mening hebben over een derde persoon. De prikkel is steeds dezelfde, de reactie is echter afhankelijk van de waarnemer. Op cultureel niveau worden deze verschillen bovendien nog versterkt door specifieke omgevingsprikkels. In bepaalde droge streken in het Midden-Oosten was zand een symbool van reinheid, omdat men met zand in plaats van water 'waste'. In vochtiger streken in Europa werd zand echter geassocieerd met instabiliteit en tijdelijkheid. Ook de identiteit van goden – vaak personificaties van Jungs archetypen – is mede tot stand gekomen onder invloed van de natuurlijke omgeving. Noorse goden bezaten de kwaliteiten om te overleven in een koud, hard klimaat: kracht, vastbeslotenheid, naar buiten gerichtheid en een grote nadruk op het lichaam. De Hindoegoden, die dezelfde archetypen belichaamden, kregen daarentegen meer verfijnde en spirituele eigenschappen toegemeten en weerspiegelden veel sterker het tragere levenstempo op het Indiase subcontinent.

De mens kan niet zonder tegenstellingen en verschillen. Dicht bijeen levende etnische groepen dikken vaak kleine variaties in de eigenschappen van goden en godinnen aan tot belangrijke verschillen en elke groep beweert de waarheid in pacht te hebben. Als een volk of religie een ander overwon, werden de goden van de verslagen groep – aangepast aan de eigen opvattingen en voorstellingen – overgenomen of in de ban gedaan. Toen het christendom Europa veroverde, werden de heidense religies grotendeels geëlimineerd door

De scarabee
De symbolische betekenis van dieren en planten heeft te maken met hun verspreiding en, in de regel, een opvallend element in hun ontwikkeling en gedrag. De scarabee of mestkever was lang geleden in het oostelijk Middellandse-Zeegebied een belangrijk symbool, vooral in Egypte waar men (abusievelijk) dacht dat het insect zijn eieren in mestballen legde die het vervolgens naar zijn nest rolde. De scarabee is om deze reden een symbool van vernieuwing en wedergeboorte geworden en later van de lijdzaamheid van de menselijke ziel. In Egyptische graven zijn vrij veel dode kevers gevonden en in steen uitgehakte scarabeeën werden als amuletten en zegels gebruikt.

systematische vervolging van alle 'heidenen'. Maar toen in de 7de eeuw het boeddhisme op aanmoediging van koning Sangsten Campo zijn intrede deed in Tibet, nam het vele symbolen en gebruiken van de inheemse, sjamanistische Bon-religie over en werd een aantal plaatselijke godheden tot bodhisattva's en lagere goden 'bekeerd'. Dit is overduidelijk wanneer men de rijke symboliek van het Tibetaanse boeddhisme vergelijkt met de resten van oudere vormen van boeddhisme in Sri Lanka en Zuidoost-Azië.

Bovendien ondergaan symbolen in de loop van de tijd vaak allerlei veranderingen. Een cultuur die zich verder ontwikkelt, krijgt al snel de neiging de opvattingen van oudere generaties als primitief of bijgelovig te bestempelen. De symbolen van vorige generaties worden gerationaliseerd en aangepast (zoals bedrijfslogo's soms oude symbolen 'inlijven'), letterlijk genomen of door de culturele elite simpelweg overboord gegooid (wat in het wetenschappelijke Westen met veel religieuze en mystieke symbolen is gebeurd). Als dit soort symbolen uit hun context wordt gerukt, neemt hun kracht af en zullen ze opnieuw ontdekt moeten worden, zoals Jung de invloed van archetypische symbolen herontdekte toen ze spontaan bleken op te duiken in de dromen, tekeningen en schilderijen van zijn patiënten.

De draak
De draak roept in het Oosten en het Westen tegengestelde associaties op. In het Westen staat de draak voor de oerinstincten van de mens die door kracht en zelfdiscipline overwonnen moeten worden, in de christelijke mythologie voor de krachten van de onderwereld en Satan. In het Oosten wordt de draak echter gezien als een symbool van vreugde, dynamiek, gezondheid en vruchtbaarheid en gelooft men dat het beeld van een draak kwade geesten kan verjagen. In China dacht men dat een afbeelding van een draak met parels – symbool van de donder (links) – voor regen kon zorgen.

De kracht van symbolen

De betekenis van een symbool is vaak het resultaat van een traag voortgaand proces van honderden jaren. De associaties ontstaan op dezelfde manier als de betekenis van woorden. Het gaat om een ingewikkeld proces dat uiteenlopende, met de culturele context samenhangende wegen, vertakkingen, duidingen, toepassingen, enz. kent. Niettemin hebben sommige symbolen of typen van symbolen zo'n universele kracht en raken zo dicht aan de kern van het leven, dat hun betekenis niet meer verandert of slechts binnen bepaalde grenzen varieert.

Het is niet zo verwonderlijk dat er dikwijls een verband blijkt te bestaan tussen de kracht van een symbool en zijn ouderdom. De primitieve mens woonde in een wereld waarin hij in zijn meeste levensbehoeften – warmte, voedsel, beschutting, vuur, zon, regen, seks – moeiteloos kon voorzien. Naast een instinctieve behoefte om te overleven en voort te planten, heeft de mens ook een instinctieve behoefte aan zingeving. De mens zoekt naar een diepere zin in de noodzakelijkheden van het leven. We mogen aannemen dat er onder meer intens werd gespeculeerd over de zon en dat zij na verloop van tijd het thema is geworden

van onze indrukwekkendste mythen. Als de zon cruciaal was voor het leven, waren de sterren dat misschien ook wel en dan is de ontwikkeling van zoiets als astrologie al niet zo vreemd meer. Terwijl beschavingen zich in de loop der eeuwen ontwikkelden, behielden deze oude preoccupaties hun kracht en spreken ons, levend in de meest welvarende samenleving aller tijden, ook nu nog sterk aan.

In onze tijd wordt het goddelijke in het grootste deel van het openbare leven door de ratio overheerst, maar de individuele mens gelooft nog steeds dat er diepere werkelijkheden zijn die het verstand niet kan bevatten. We kennen aan dergelijke waarheden vrij snel eeuwigheidswaarde toe en voelen instinctief dat we er door de taal der symbolen in contact mee kunnen komen. Gedeeltelijk kan hierdoor worden verklaard waarom zelfs oeroude symbolen nog steeds een grote kracht hebben en een verborgen centrum in ons lijken aan te spreken.

In dit hoofdstuk bekijken we de ontwikkeling van deze symbolen in de context van godsdienst, mythe, ritueel, gebed en magie en behandelen we onder meer een aantal essentiële kenmerken van de taal der symbolen.

Paleolithische kunst in de grotten van Lascaux
De prehistorische schilderingen in de grotten van Lascaux, soms de 'Sixtijnse Kapel van de paleolithische kunst' genoemd, behoren waarschijnlijk tot het beste wat er op dit gebied bestaat. Op de wanden van de hoofdgrot en enkele zijgrotten zijn honderden schilderingen aangebracht, waarvan vele hoog, zodat om die af te maken stellages moeten zijn gebruikt. Men denkt dat de kunstenaars die in de grotten hebben gewerkt, in hun gemeenschap 'specialisten' moeten zijn geweest, omdat vele dieren anatomisch precies en vaardig zijn afgebeeld en vindingrijke, artistieke middelen zijn benut om een idee van perspectief te creëren. Men denkt dat de grot heeft gediend als ruimte voor primitieve inwijdingsriten. Deze theorie wordt ondersteund door de waarnemingen van de archeologen die het eerst de grot hebben bestudeerd: in de donkerste delen van het labyrint vonden zij voetafdrukken van kinderen en jonge volwassenen.

Symbolen in de prehistorie

Op een abstract niveau symbolen kunnen ontwikkelen, manipuleren en begrijpen is een van de voornaamste verschillen tussen de mens en zijn primitieve verwanten. Juist dit vermogen is de bron van logica, creativiteit en schoonheid en vormt de hoeksteen van de antropologische notie 'cultuur'. De oudst bekende uitingen van deze universeel menselijke eigenschap zijn de rotsschilderingen uit het Paleolithicum (Oude Steentijd), waarvan sommige meer dan dertigduizend jaar oud zijn.

De mens in het Paleolithicum was een nomadische jager-verzamelaar die voor zijn voedsel en kleding grotendeels afhankelijk was van de jacht: herten, mammoeten, wilde runderen en wilde paarden. Hij werd aangetrokken door overhangende rotsen en grotopeningen, waar hij zijn tent van huiden kon opzetten. Uit archeologische vondsten blijkt dat men niet in grotten woonde, daar die donker, vochtig en onbetrouwbaar waren. De prachtigste paleolithische grotschilderingen vinden we diep in de labyrintachtige grottenstelsels van Lascaux (Frankrijk) en Altamira (Spanje), wat doet vermoeden dat deze primitieve kunst niet was bedoeld om te worden bekeken en derhalve geen zuiver decoratieve functie had. Veel hedendaagse antropologen menen dat grotschilderingen voor onze verre voorouders een sterke symbolische betekenis hadden en de grot zelf een heilige inwijdingsruimte was – wellicht symbolisch voor de baarmoeder van de aarde of mogelijk de verblijfplaats van de geesten die de verbeelding der primitieven beheersten.

De gebruikte symbolen kunnen we in twee groepen verdelen: enerzijds naturalistische voorstellingen van dieren, anderzijds abstracte, soms geometrische vormen zoals vierhoeken, spiralen en reeksen punten of lijnen. Interpretaties van deze symbolen blijven uiterst speculatief. De dierschilderingen tonen soms een sjamaan die hoog boven paarden, bizons en mammoeten uittoornt. In oude antropologische studies werden deze schilderingen gezien als een vorm van sympathieke magie: schilderde men dat men op de jacht succes had, dan zou dat in werkelijkheid ook zo zijn. In latere verklaringen wordt aan de ruimtelijke spreiding van de dieren in de grotten echter een kosmologische betekenis toegekend en zouden ze de patronen voorstellen waarin de paleolithische mens zijn wereld ordende.

De abstracte symbolen van prehistorische volkeren zijn des te intrigerender, omdat ze in twintigduizend jaar nauwelijks zijn veranderd. Dat is uitzonderlijk en in de geschiedenis van de kunst uniek en het lijkt erop te wijzen dat ze een belangrijke betekenis hadden. Wat deze symbolen betekenden, weten we echter niet goed. Misschien hielden ze verband met een kalender of magie of wellicht waren ze uitingen van essentiële psychologische patronen. De laatste verklaring is op het eerste gezicht erg aantrekkelijk: een terugkerend mo-

De macht van het masker
Het dragen van een masker betekende in veel primitieve samenlevingen dat men een bovennatuurlijk wezen aanriep. In Afrika werden maskers gebruikt om vijanden af te stoten en voorouders aan te spreken en ook in rituelen en plechtigheden om bondgenootschappen met andere stammen te bevestigen. Maskers, vooral maskers die een dier voorstelden, werden tevens gebruikt om de eigen identiteit te loochenen, zodat men dichter bij de paradijselijke toestand kwam.

De Egyptische goden
Veel Egyptische goden, tradities en culten waren geworteld in prehistorische Afrikaanse opvattingen. Bepaalde dieren werden gezien als heilige manifestaties van de goden op aarde. Zo geloofde men dat de ibis bepaalde eigenschappen had van Thot, de god van de wijsheid. Ibissen werden vaak samen met overleden koningen gebalsemd en begraven, omdat men dacht dat ze in het leven hierna wijsheid zouden schenken.

De symboliek van de elementen
In vroeger tijden dacht men dat de goden de elementen (lucht, aarde, water, vuur) beheersten. Azteken geloofden dat de goden periodiek de wereld vernietigden door een bepaalde elementaire kracht los te laten en dat ze de wereld vervolgens in een nieuwe vorm herschiepen. De destructieve kracht van de elementen was bovendien een symbool van de goddelijke straf voor menselijke tekortkomingen. Talloze volkeren kennen mythen van een symbolische overstroming, maar het allerbekendst is het bijbelse verhaal van de Zondvloed: de ark van Noach als een symbool van de redding door de Kerk.

tief in de paleolithische kunst wordt gevormd door een groep van zeven punten of parallelle lijnen – het cijfer zeven wordt universeel als een heilig getal beschouwd, ook nu nog (zie blz. 64).

De paleolithische mens miste wetenschappelijke kennis en reageerde intuïtief op de natuur. Zoals culturen na hen geloofde men toen wellicht dat alles op aarde, levend en levenloos, een bewustzijn had waarmee met symbolen contact kon worden gemaakt. Dat leidde tot fenomenen als de regendans, waarbij het geluid van de vallende regen werd nagedaan door stampende voeten, en vruchtbaarheidsdansen, waarvan men geloofde dat ze garant stonden voor de terugkeer van het leven in de lente. Hoe belangrijk het begrip vruchtbaarheid toen was, blijkt ook uit de Venusbeeldjes, zoals ze door archeologen worden genoemd: kleine ivoren of stenen beeldjes van vrouwen met grote borsten. Deze figuurtjes die van de Atlantische Oceaan in Europa tot in Siberië zijn gevonden, symboliseerden alle aspecten van de vruchtbaarheid en zijn waarschijnlijk de voorlopers geweest van de verering van Moeder Aarde in latere Europese beschavingen. In de neolithische periode (Nieuwe Steentijd, zo'n tienduizend jaar geleden) had de mens zich een meer sedentaire leefwijze aangemeten. Hij leefde in grotere gemeenschappen en bewerkte het land om in zijn behoeften te voorzien. Deze leefwijze leidde tot het ontstaan van meer georganiseerde sociale rituelen voor nagenoeg elk aspect van het leven. Archeologische vondsten (aardewerk, voedsel en versieringen gevonden in grafheuvels) wijzen op een uitgebreide neolithische begrafenissymboliek. De dood werd gezien als een reis waarop de overledene (de reiziger) symbolisch noodzakelijke goederen en gekoesterde bezittingen meenam. Men geloofde bovendien dat een sjamaan, priester of priesteres door symbolisch te sterven (door in trance te raken of symbolisch aan stukken te worden gehakt) naar het land der doden kon reizen om met de geesten van de overledenen te spreken en vervolgens gewapend met esoterische wijsheid terugkeerde naar de wereld der levenden. Latere culturen kenden ook de trancetoestand, zoals in de Dionysus-culten in het oude Griekenland en de rituelen van Noordamerikaanse Indianen.

De totempaal
Voor de Indianen aan de noordwestkust van de Verenigde Staten en Canada vervulde de totempaal een gelijksoortige functie als het (heraldische) wapen in het middeleeuwse Europa. De in de paal uitgesneden dieren, geesten of andere symbolische vormen gaven de identiteit van een familie of stam weer of dienden als beeldverslag van hun geschiedenis. Totempalen werden ook gebruikt om graven te markeren en als decoratieve elementen in het skelet van een huis.

Goden en mythen

Krachtiger symbolen dan goden bestaan niet. Goden kunnen heftige emoties en grote krachten losmaken die, in de loop der eeuwen, zowel tot de allerfijnste kunstuitingen als de bloederigste oorlogen hebben geleid. In Jungs bewoordingen zijn goden en de mythen die hun relaties met de mens beschrijven bewuste uitingen van onbewuste archetypische krachten (zie blz. 13). De goden en de symbolen waarmee ze geassocieerd worden, komen in feite uit onze eigen psyche voort en ontlenen daaraan ook hun vorm. Maar ze hebben zo'n sterke invloed op ons onbewuste dat het lijkt alsof ze afkomstig zijn uit een spirituele bron buiten ons. Ze zijn volgens Jung 'incarnaties' van de natuurlijke religieuze valentie van de mens, die hij zag als een aspect van de psyche dat ontwikkeld diende te worden om onze psychische gezondheid en stabiliteit te waarborgen.

Daarmee is geenszins beweerd dat we de goden – of God – kunnen reduceren tot een spinsel van de collectieve verbeelding. Want het collectieve onbewuste zou immers met een nog dieper werkelijkheidsniveau in contact kunnen staan, een niveau dat de werkelijke creatieve bron van het leven is. Volgelingen van Jung stellen eigenlijk alleen dat we moeten inzien dat als we deze bron blootleggen, zij alleen een symbolische vorm kan aannemen. Ook de bijbel leert dat wie God in het gelaat ziet, niet meer verder kan leven. We kunnen God alleen in een beperkte symbolische vorm kennen.

De goden van de Azteekse kalender
De Azteken, afkomstig uit Noord-Mexico, vestigden zich in de 12de eeuw rondom het Texcocomeer in het midden van het land. In de vier eeuwen daarna wisten ze op basis van intensieve landbouw een machtig rijk te vestigen. In de Azteekse religie en mythe werden elementen verwerkt van de volkeren die ze onderwierpen of opslokten, en de Azteekse godengalerij is dan ook gevarieerd en uitgebreid. Er bestond een nauwe band tussen de goden en de ingewikkelde kalender die twee cycli kende: een zonnecyclus van 365 dagen en een rituele cyclus van 260. De rituele cyclus werd weer verdeeld in dertien perioden van twintig dagen, waarbij elke dag toeviel aan een bepaalde god die het lot op die dag bepaalde. De Azteekse priesters maakten bij het waarzeggen op grond van deze kalender gebruik van afbeeldingen van hun goden.

Hoewel goden produkten zijn van de menselijke psyche, hebben ze in de meeste culturen een uitwendige vorm gekregen; om hun aanwezigheid directer en tastbaarder te maken heeft men de 'godsenergie' op de buitenwereld geprojecteerd. Zo staat de Hindoe-god Brahma voor de creatieve kracht die het universum schept; Visjnoe is de voedende kracht die conserveert en beschermt; en Shiva is de kracht van de verandering. In het oude Egypte werden de goden gesymboliseerd door dieren die hun eigenschappen het beste weergaven. De hemelgod Horus werd voorgesteld als een valk, een hoog in de lucht zwevende vogel met een uiterst scherpe blik; de bijzonder vruchtbare kikker symboliseerde Heket, de godin van de geboorte; de koe stond van Hathor, de moedergodin, en de krokodil vertegenwoordigde Ammit, de god die het hart van zondaars opschrokte.

De rol van mythen
Mythen zijn symbolische verhalen van goden, mensen met bovennatuurlijke krachten en uitzonderlijke gebeurtenissen, die ooit in elke gemeenschap een centrale rol hebben gespeeld. Dank zij deze allegorische verhalen kon een gemeenschap haar identiteit vormgeven. In veel culturen boden mythen bovendien een gestileerd model voor de manier waarop men zich diende te gedra-

GODEN EN MYTHEN 27

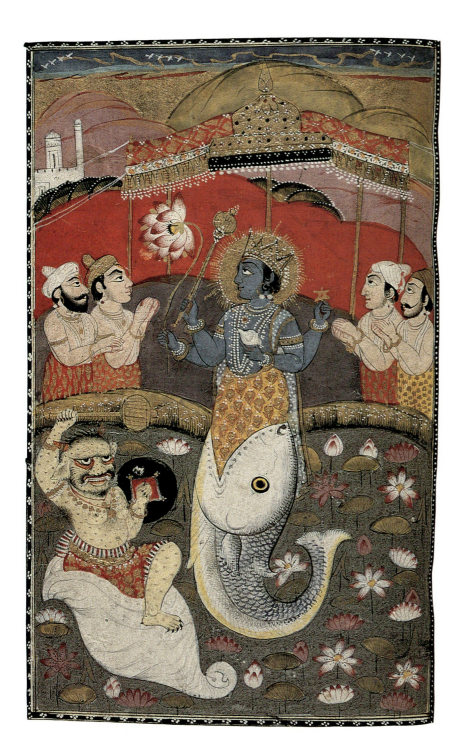

De avatars van Visjnoe
In het hindoeïsme wordt Visjnoe – beschermer van wereld, mens en *dharma* (de morele orde) – vereerd als een van de belangrijkste goden. Visjnoe is bekend om zijn tien avatars, dat zijn door hem aangenomen wereldse vormen om een bepaald kwaad af te wenden. Visjnoe nam de gedaante van een vis aan om Manu, de oudste mens, te waarschuwen voor een dreigende zondvloed. Hij stuurde Manu een grote boot en beval hem van elk levend wezen twee exemplaren aan boord te nemen en bovendien zaad van alle planten. Manu had zijn taak net volbracht toen de oceaan het land in bezit nam. En zo behoedde Visjnoe al het leven voor vernietiging.

Eos, godin van de dageraad
De elementen, het weer en de beweging van hemellichamen werden vaak aan goden toegeschreven. De mythen van veel culturen behandelden de wederwaardigheden en relaties van deze goden en konden op die manier anders onverklaarbare verschijnselen begrijpelijk maken. De Grieken personifieerden de dageraad als de godin Eos. Iedere morgen glipte ze uit het bed van haar echtgenoot Tithonus, rees op uit de oceaan en reed in een wagen getrokken door twee paarden door de lucht. De ochtenddauw werd gezien als haar tranen van verdriet om haar zoon Memnon, die door Achilles was gedood.

gen. Op grond van zijn onderzoeken onder en naar de Indianen van Noord- en Zuid-Amerika heeft de Franse antropoloog Claude Lévi-Strauss geopperd dat mythen waren bedoeld als een logisch model dat de ogenschijnlijke paradoxen van het leven kon verklaren. Door tegengestelde aspecten van het leven – bij voorbeeld dag en nacht, honger en bevrediging, eenheid en verscheidenheid – in verhalende (mythische) vorm met elkaar te vergelijken en tegen elkaar af te zetten, kon men greep krijgen op de werkelijkheid. Hoewel deze redenering bepaalde elementen van mythen recht doet, biedt zij toch geen sluitende verklaring voor alle functies van mythen in een gemeenschap.

Sommige mythen verklaren het bestaande, zoals de vele Noordamerikaanse mythen van de oorsprong van maïs, of geven zin aan de rituelen van een bepaalde groep mensen. In Syrië werd de mythe van de overwinning van Baäl (de god van de vruchtbaarheid) op zijn vijanden verwerkt tot rituelen die ervoor moesten zorgen dat vruchtbaarheid de plaats van de dorre aarde zou innemen. Andere mythen verklaren de schepping van de wereld of van de mens; in het scheppingsverhaal van het Soedanese Shulluh-volk maakt Juok (God) de mens uit klei. Hij reist naar het Noorden en vindt witte klei, waarvan hij de Europeanen kneedt. Voor de Afrikanen gebruikt hij zwarte aarde. Hij voorziet de mensen van lange benen, zodat ze tijdens het vissen door ondiep water kunnen waden, en geeft hun lange armen om met schoffels te kunnen zwaaien. De scheppingsmythe van de Carabaulo, een Timorees volk, bevat tevens een rechtvaardiging van de maatschappelijke orde. De voorouders van de huidige eilandbewoners zijn voortgekomen uit een vagina-achtig gat in de grond: als eersten verschenen de landbezittende aristocraten, daarna kwamen de gewone mensen en de pachters. Veel heersende families in oude beschavingen – van Egypte tot het Chinese Keizerrijk – hebben zich ter rechtvaardiging van hun positie beroepen op mythen van hun goddelijke oorsprong.

Mythen hebben ook betrekking op morele vragen (in sommige mythen wordt de dood gezien als een goddelijke vergissing) en beschrijven het uiteindelijke lot van de mens. In het Egyptische *Dodenboek*, een verzameling magische en religieuze teksten uit de 16de eeuw v.Chr., is in detail de symbolische reis van de ziel door het leven hierna vastgelegd; er wordt zelfs precies aangegeven hoe de overledene daarop elke uitdaging of mogelijkheid dient aan te pakken.

Freud zag mythen als de maatschappelijke uitlaatklep voor onderdrukte ervaringen en ideeën. Hij geloofde bij voorbeeld dat de onderdrukte erotische gevoelens van een zoon voor zijn moeder en zijn afkeer van zijn vader werd uitgebeeld in de Oedipus-mythe. In de Griekse legende was Oedipus een Thebaanse held die per ongeluk zijn vader Laius, doodde en zonder het te we-

Ma-Koe
Ma-Koe is in de Chinese mythologie een vriendelijke tovenares die het goede in de mens belichaamt. In haar eerste aardse vorm (links) veroverde ze een flink stuk land op de zee en plantte daarop moerbeibomen. In een andere incarnatie wist ze haar vader door een list te verleiden zijn slaven meer rust te gunnen. Haar vader werd agressief, Ma-Koe vluchtte en werd kluizenaar. Haar vader, gekweld door wroeging, werd door zijn tranen blind. Ma-Koe keerde terug om haar vader te troosten en behandelde zijn ogen met een genezende zalf.

ten met zijn moeder Iocaste huwde; toen hij besefte wat hij had gedaan, stak hij zich in wanhoop de ogen uit. In Freuds ogen gaf deze mythe uiting aan ons collectieve schuldgevoel, omdat iedereen dit soort gevoelens voor zijn verwekkers zou hebben gekoesterd.

Jung ziet mythen als een symbolische reis door het leven en de verhaalfiguren als personificaties van onbewuste archetypen. In mythen van de daden van helden zou de held het ego symboliseren. De verhalen zouden dan beschrijven hoe de held zich bewust wordt van zijn sterke en zwakke kanten (zijn ik-bewustzijn ontwikkeld). Zodra de held zijn ego de baas is, sterft hij, gewoonlijk door zich op te offeren, waarmee hij symbolisch aangeeft volwassen te zijn geworden. In veel mythen wordt de held geleid door een adviseur of mentor, in termen van de Jungiaanse psychologie een symbool van de totale psyche, de grotere menselijke identiteit die zorg draagt voor alle elementen die het ego op zich ontbeert.

Rituelen, magie en gebed

Riten en rituelen vormen een belangrijk element in alle samenlevingen, vroeger en nu. Ze dragen bij aan het handhaven van de integriteit van een gemeenschap en bereiden het individu voor op de rol die van hem of haar wordt verwacht. Het is niet zo vreemd dat rituelen het sterkst naar voren komen bij kleine, hechte tribale groepen, hoewel ze ook in het urbane Westen onuitroeibaar zijn (denk bij voorbeeld aan doop-, huwelijks- en begrafenisrituelen).

Een ritueel is een uitbeelding van een spirituele reis – of in Jungiaanse termen, een reis naar en door het collectieve onbewuste – waarbij het lichaam een symbool is van de geest. Rituelen kunnen aangeven dat men dichter bij verlichting of goden komt (zo waren rituele dansen in Mesopotamië symbolische nabootsingen van de reis van de godin Isjtar naar de onderwereld). Rituelen kunnen ook laten zien dat we op doorreis zijn en herboren terugkeren, waarbij we onze identiteit hebben opgeofferd en een nieuwe levensfase zijn ingegaan. In veel religies weerspiegelen rituelen de veronderstelde orde in de hogere wereld en smeden een nauwere band tussen de menselijke en goddelijke wereld. Een uitgangspunt van de rooms-katholieke Kerk is bij voorbeeld dat de zeven sacramenten – doopsel, vormsel, sacrament des altaars, biecht, heilig oliesel, priesterschap en huwelijk – door Christus zelf in het leven zijn geroepen. Talloze religies kennen zuiveringsrituelen waarin men zich ontdoet van lichamelijke verontreiniging, dat als beledigend voor de goden wordt gezien. Een verontreinigd lichaam (een lichaam dat contact heeft gehad met ziekte, zonde of dood) kan symbolisch gezuiverd worden door te baden in snel stromend water of in bloed (dat wordt geassocieerd met leven en dood en daarom symbolisch is voor vernieuwing) of rituelen waarbij met wapens of vuurwerk symbolisch kwade geesten worden verdreven.

In tribale samenlevingen markeerden initiatierituelen de overgang van kind naar volwassene. Vaak werd er opzettelijk pijn toegebracht (bij voorbeeld door besnijdenis of tatoeages) en kende het ritueel ook kracht- en uithoudingsproeven of een langdurige periode van vasten om de symboliek van dood en hergeboorte een fysieke dimensie te geven. De overgang van meisje naar volwassene ging gepaard met vruchtbaarheidsriten, compleet met dans, of ze werd symbolisch 'afgeransel' als teken van haar passiviteit en onderworpenheid aan de lichamelijke eigenschappen van de vrouw (menstruatie, zwangerschap en kinderen grootbrengen). Overgangsriten betekenen een onherstelbare breuk met de wereld van het kind. Tijdens deze riten worden volgens Jung de ouderlijke archetypen aangetast (door het symbolische sterven), zodat het ego een plaats kan vinden in de grotere groep (vaak voorgesteld door een totem – een beest of voorwerp dat de tribale eenheid belichaamt). Het huwelijk is een andere inwijdingsrite. Ook hierbij wordt de nieuwe sociale status gemarkeerd door tatoe-

Begrafenisrituelen in het oude Egypte
De oude Egyptenaren hebben verfijnde begrafenisrituelen ontwikkeld, omdat ze geloofden dat de onsterfelijke ziel van de overledene via het begraven lichaam in contact bleef met deze wereld. Het lichaam kon door mummificatie eeuwig bewaard blijven en kreeg voor het volgende leven voedsel en andere offers mee.
De Egyptenaren geloofden dat de overledene ceremonieel werd beoordeeld door een college van godheden, onder wie Anoebis (god van de balseming met de kop van een jakhals) en Thot (god van de wijsheid met een ibiskop) en voorzitter Osiris, god van de onderwereld. Het hart van de overledene, dat werd gezien als de zetel van emoties, werd gewogen met als contragewicht een veer, symbool van rechtvaardigheid. Als hart en veer elkaar in evenwicht hielden, mocht de dode het zegenrijke hiernamaals binnengaan. Was dat niet zo, dan werd de overledene verslonden door Ammit, een angstaanjagend hybridisch schepsel: ten dele krokodil, ten dele leeuw en ten dele nijlpaard.

ages, ringen en speciale kleding. In het ritueel worden vaak op symbolische wijze de nieuwe verantwoordelijkheden van beide partners voor elkaar en hun families uitgebeeld. Met name voor de man betekent het huwelijk het verlies van zijn onafhankelijkheid – in Jungiaanse termen: de opoffering van het archetype van de held – wat in sommige culturen wordt gecompenseerd door de symbolische ontvoering of verkrachting van de bruid.

De gedachte dat een offer tot vernieuwing kon leiden, vormde ook de achtergrond van de vruchtbaarheidsriten die op de korte winterdagen plaatsvonden om de terugkeer van het leven in de lente veilig te stellen. De aarde moest sterven in de winter om hergeboorte in de vruchtbare zomer mogelijk te maken en, analoog hieraan, moest de koning, of iemand die voor de gelegenheid koning werd genoemd, overlijden opdat zijn volk verder kon leven. De Azteken geloofden dat zonder het offeren van bloed en hart van mensen de zon niet meer zou schijnen en het universum zou ophouden te bestaan. Rituele offers vormden een belangrijk onderdeel van de Azteekse cultuur, zozeer zelfs dat alle oorlogen officieel werden gevoerd om gevangenen te maken die geofferd konden worden (hoewel de feitelijke redenen natuurlijk profaner waren).

Het geloof dat de natuur en de wil van de goden kan worden beïnvloed door rituelen en symbolen is ook het principe van magie. De magiër dacht dat het leven uit verscheidene niveau's bestond en hij probeerde een steeds hoger bestaansniveau te bereiken om uiteindelijk op te gaan in de onuitsprekelijke werkelijkheid waar de mens in zijn sterfelijke leven van uitgesloten is. Aangezien hij zich tot het niveau van de goden probeerde te verheffen, had hij ook de verantwoordelijkheid om hen gunstig te stemmen. In alle occulte systemen, van de Egyptische en Griekse mysteriën tot de rituelen van de Indianen en het werk van Europese alchemisten en kabbalisten, is de ware magiër bezig met een serieuze speurtocht, die niets met persoonlijke macht of kwade wil tegenover anderen heeft te maken.

In het gebed kan men persoonlijk of collectief contact leggen met het goddelijke. In beide gevallen is het gebed vaak ingebed in symboliek en rituelen. In de meeste religies wijzen de lichaamshouding en de positie van de handen op onderwerping en eerbetoon. Soms vormen voorwerpen het middelpunt van het gebed of de middelen om met een god in contact te blijven als de biddende slaapt of anderszins bezet is; boeddhisten geloven bij voorbeeld dat de mantra op een gebedsvlag door de wind wordt geactiveerd. Het devote islamitische gebed, de *salat*, is één groot ritueel. Het wordt, zoals tijdens Mohammeds leven, vijf maal per dag gebeden en voorafgegaan door zuiveringsriten. Tijdens het gebed wendt de gelovige zijn gelaat naar Mekka en neemt de *rak'ahs* in, de specifieke lichaamshoudingen die horen bij het reciteren van stukken uit de koran.

De eucharistie
In het christendom staat het sacrament van de eucharistie centraal. Tijdens de eucharistieviering worden onder meer wijn en brood (symbolisch voor of feitelijk gelijkgesteld aan het lichaam en bloed van Christus) geofferd en onder de gelovigen verdeeld (communie). Het sacrament wordt gekenmerkt door een rijke esoterische symboliek: de wijnkelk (het bloed) is in Jungiaanse termen een spirituele baarmoeder, om een voorbeeld te geven. Deze 16de-eeuwse miniatuur is een symbolische voorstelling van het lijdensverhaal van Christus: de kelk met bloed staat tussen drie spijkers (volgens de traditie het aantal spijkers dat is gebruikt voor de kruisiging van Christus).

Mannelijk en vrouwelijk

Beelden van man en vrouw hebben op zichzelf al een diepe symbolische betekenis. In de psychologie van Jung worden ze gezien als de bewuste expressie van de archetypen *animus* en *anima* (zie blz. 13 en 15) en in veel culturen vormen ze samen een symbool van vruchtbaarheid en de eindeloze hernieuwing van het leven. Op een meer esoterisch niveau kunnen mannelijkheid en vrouwelijkheid ook andere associaties oproepen. De individuele man en vrouw symboliseren incompleetheid: los van elkaar zijn ze dor en onvruchtbaar, twee helften van een geheel dat ooit heeft bestaan. Alsof de eerste, universele mens op een bepaald, onbekend ogenblik in het verleden in tweeën is gehakt en ertoe veroordeeld werd te leven met deze kwelling van de scheiding, voortdurend verlangend naar hereniging met zijn verdwenen helft.

Dit is het thema van talloze mythen en legenden, van Isis en Osiris tot Orfeus en Eurydice, waarin man en vrouw ondanks alle moeilijkheden vechten voor hun hereniging. In de legende van Tristan en Isolde ervaren de minnaars hun eenheid pas na hun dood, als er twee bomen op hun graven groeien en hun takken zich met elkaar verstrengelen zodat ze nooit meer gescheiden kunnen worden. In de kosmologieën van oude volkeren werden hemel en aarde (die, geloofde men, ooit één waren geweest) vaak voorgesteld als man en vrouw: in het oude Egypte werd de hemel verpersoonlijkt als de godin Nut en de aarde als de god Geb.

Zelfs als man en vrouw één worden tijdens de liefdesdaad, dan is hun vereniging toch onvolkomen. De aard van het menselijk lichaam belet een volledige versmelting. Daarom wordt in veel grote spirituele en occulte traditis gedacht dat we deze eenwording alleen innerlijk kunnen ervaren in de vorm van de versmelting van de mannelijke en vrouwelijke principes in ons binnenste, de versmelting van de tegengestelde krachten van het actieve en passieve. In het Oosten wordt deze gedachte van innerlijke versmelting onder meer uitgedrukt in het symbool van yin en yang (zie blz. 129); in hindoeïstische en boeddhistische tantristische voorstellingen zijn de mannelijke en vrouwelijke godheid in zo'n innige omhelzing verbonden dat ze één lichaam lijken te bezitten. In westerse occulte en alchemistische tradities werd deze innerlijke verzoening (tevens ware wijsheid) gesymboliseerd door een hermafrodiet die immers zowel man als vrouw is. Volgens de joodse legende was Adam een hermafrodiet totdat Eva zich van hem losmaakte. In een aantal Griekse mythen is Zeus tegelijkertijd mannelijk en vrouwelijk. In sjamanistische religies kleedt de mannelijke priester zich vaak als een vrouw en verbeeldt zo de oertoestand van perfectie, die bestond voordat de seksen werden gescheiden.

Het chemische huwelijk
Alchemisten zagen zichzelf als kunstenaars/natuurwetenschappers, die door hun strak gecontroleerde chemische operaties de natuur zouden kunnen vervolmaken (wat gesymboliseerd werd door de transformatie van metaal in goud). Het vat dat de alchemist gebruikte, was een microkosmos – een universum in miniatuur – waarin deze verandering zou plaatsvinden. Alchemistische handelingen werden in visuele symbolische termen beschreven, mede om te voorkomen dat geheimen in verkeerde handen zouden vallen. Een cruciaal stadium in het proces was de vereniging van de mannelijke en vrouwelijke kant van de materie, dat soms werd gesymboliseerd door een hermafrodiet (boven) of het huwelijk tussen een koning en koningin.

Krishna en Radha

Krishna, de achtste avatar (incarnatie) van Visjnoe, is een van de populairste Hindoe-goden. In vele mythen wordt verhaald van zijn streken en liefdesavonturen. Er wordt gezegd dat Krishna als jongeman de *gopi's* (melkmeisjes) in de regio Brindaban heeft betoverd door op herfstavonden op zijn fluit te spelen en jonge vrouwen bij hun slapende echtgenoten weglokte om extatisch met hem in het woud te dansen. Hoewel iedere *gopi* dacht dat zij de exclusieve minnares van Krishna was, werd hij smoorverliefd op Radha (boven), wier gouden schoonheid zijn donkere uiterlijk completeerde (Krishna betekent 'donker' of 'donker als een wolk').

Tegenstelling en eenheid

Alle grote natuurkrachten en menselijke emoties worden tot op zekere hoogte gedefinieerd door hun tegenstelling. Zonder licht geen duisternis, zonder verdriet zou vreugde niets zijn en zonder vrouw is er geen man. Zoals man en vrouw op esoterisch niveau één kunnen worden (zie blz. 32), zo kunnen alle tegenstellingen worden verzoend om de paradijselijke toestand te herscheppen. In veel oosterse tradities wordt gedacht dat de tegenstellingen zijn ontstaan toen de ene, ongedeelde werkelijkheid uiteenviel om de wereld der vormen voort te brengen (in het hindoeïsme zegt men: 'het ene wordt twee, twee wordt drie en van de drie komen de tienduizend dingen'). Elk deel is op zichzelf incompleet en verlangt naar hereniging met de totaliteit waaruit het is voortgekomen.

De boeddhistische uitspraak dat de boeddhageest verloren gaat zodra er tegenstellingen ontstaan, geeft aan dat het denken in tegenstellingen een beperking inhoudt. Door een scherp onderscheid te maken worden we blind voor het feit dat alle tegenstellingen eigenlijk voortkomen uit een en dezelfde bron en dat de schepping in essentie nog steeds één ondeelbaar geheel is. Tegenstellingen, en de materiële wereld die ze vormen, zijn een subjectieve werkelijkheid. De verlichte geest kan er doorheen kijken en ziet de eenheid die er werkelijk is.

De eenheid die achter de verscheidenheid schuilgaat en de wederzijdse afhankelijkheid van tegengestelden wordt symbolisch weergegeven door ontelbare voorwerpen en vormen. Een kopje geeft aan dat vorm niet kan bestaan zonder ruimte, en omgekeerd. Het materiaal waaruit het kopje is gemaakt behoort tot de wereld der vormen, terwijl de ruimte die het inneemt deel uitmaakt van de wereld der leegte. Vorm en ruimte samen drukken de fundamentele eenheid van het kopje uit. Symbolen als de cirkel illustreren andere aspecten van deze zelfde waarheid. En hoewel we zulke concepten als 'begin' en 'einde' als tegenstellingen zien, kan ieder punt op de omtrek van een cirkel zowel een begin als een eind zijn. Zo staat in het Zenboeddhisme de cirkel voor verlichting en de volmaaktheid van de mens die in harmonie verkeert met het oerprincipe; het Chinese symbool van yin en yang (zie blz. 129) wordt door een cirkel omsloten. Op een ingewikkelder niveau symboliseren mandala's en yantra's (zie blz. 60) de illusoire aard van waargenomen verschillen en het feit dat ze spontaan in meditaties opwellen en alle culturen ze kennen, doet vermoeden dat het collectieve onbewuste weet welke waarheid zij vertegenwoordigen. In het hindoeïsme en het boeddhisme wordt gezegd dat 'leven en dood hetzelfde zijn', wat aangeeft dat zelfs de twee meest fundamentele tegenstellingen – zijn en niet-zijn – van elkaar afhankelijk en aspecten van dezelfde eenheid zijn.

Twee werelden
Veel culturen gaan ervan uit dat de kosmos in twee werelden is verdeeld: een hemelse en een aardse. De hemelse wereld was de verblijfplaats van goden en hogere machten en werd geassocieerd met geest en verstand, terwijl de aarde de plaats was van de materie en het stoffelijke. De structuur van de aardse wereld (microkosmos) zou een spiegel van de hemel (macrokosmos) zijn: de gelijkvormigheid tussen macro- en microkosmos is het onderwerp van deze 17de-eeuwse alchemistische afbeelding. Men geloofde dat de mens een unieke positie in het universum innam en toegang had tot beide werelden.

Goed en kwaad
In deze 18de-eeuwse prent van William Blake strijden de goede en de kwade engel om het bezit van een kind, een symbool van de verloren onschuld van de ongespleten mens. Blake ontwikkelde een eigen mythologie om met kunst en literatuur zijn idee te onderzoeken dat het menselijk tekort het gevolg was van zijn onvermogen de elementen van zijn verdeelde zelf te verzoenen. In Blake's mythische termen is Los de 'goede' engel, een symbool van de verbeelding, en Orc de 'kwade' engel en een symbool van energie en opstand. Blake geloofde dat psychische conflicten konden worden opgelost door verbeelding en niet door het verstand.

Wederzijdse beïnvloeding

Als mensen door handel, conflict of migratie met elkaar in contact komen leidt dat vrijwel altijd tot wijziging van hun culturele symbolen. De symbolen van de ene groep verrijken, wijzigen of vervangen die van de andere en de resulterende aanpassingen in kunst, mythen en tradities zijn de blijvende getuigen van dit contact tussen twee culturen. De duidelijke parallellen tussen de Romeinse een Griekse godenwereld zijn geen toeval. Toen de Romeinen in de 3de eeuw Griekenland veroverden, namen ze veel over van de rijkere, meer ontwikkelde mythologie van de Grieken en voegden kenmerken van Griekse goden aan hun eigen goden toe. De Griekse Dionysus werd geïntegreerd met de Romeinse Bacchus; en de mythen rond Artemis, Zeus, Hermes en Aphrodite werden geprojecteerd op respectievelijk Diana, Jupiter, Mercurius en Venus. Een aantal Griekse goden, onder wie Apollo, werd integraal – met naam en toenaam – door de Romeinen overgenomen, evenals enkele Griekse helden, zoals Heracles (Hercules).

Een zelfde absorbtieproces vond plaats toen in de 1ste eeuw v. Chr. het boeddhisme via de zijderoute China bereikte. De versmelting met het daar bestaande, op de natuur georiënteerde taoïsme leidde tot Ch'an (dat later in Japan uitgroeide tot het Zenboeddhisme). Ch'an verwerpt de idee van een eredienst met beelden, riten en rituelen: de natuur werd gezien als het symbool van de ultieme werkelijkheid, en inzicht in en ervaring van die natuur gold als de ware weg naar verlichting.

De georganiseerde 'export' van religies (en dus symbolen) begon serieus in de 4de eeuw toen het christendom de officiële godsdienst van Rome was geworden. Het christendom was vanaf het begin een bekeringsgodsdienst en deed alle vormen van 'heidendom' in de ban en onderdrukte heidenen met kracht. Maar inheemse opvattingen en symbolen bleken moeilijk uit te roeien en men werd daarom gedwongen tot compromissen. Fijngevoelig tolereerde men symbolen die makkelijk 'gekerstend' konden worden en herkende in andere een spirituele werkelijkheid die bekroond werd door de komst van Christus. Met name een groot aantal legenden rondom de duistere levens van de eerste christelijke heiligen lijkt te zijn gebaseerd op voorchristelijke mythen. De heilige Christoffel, die gewoonlijk wordt afgebeeld als een reus die het Christuskind over een rivier draagt, is een echo van Charon, die in de Griekse mythologie was belast met het overzetten van de zielen van de overledenen over de rivier de Styx. De heilige Catharina van Alexandrië, uit wier aderen na haar marteling melk zou zijn gevloeid, doet denken aan de Egyptische godin Isis, aangezien melk een van haar attributen was.

Van Egypte naar Rome
De geografische spreiding van symbolen wordt geïllustreerd in dit 18de-eeuwse fresco in de Villa der Mysteriën in Pompeï: een heilige krokodil geflankeerd door de Egyptische godinnen Isis en Nephthys.

Christelijke en voorchristelijke thema's
Verering van de Maagd Maria heeft voorchristelijke wortels in de aanbidding van vrouwelijke goden, zoals Artemis en Diana, die een grote rol speelden in het leven van volkeren in het Middellandse-Zeegebied. In dit 13de-eeuwse schilderij is de halve maan aan de voeten van Maria een symbool dat is geleend van Egypte, waar het een attribuut was van de godin Isis, de koningin van de hemel.
De grote feesten op de christelijke kalender, zoals Kerstmis en Pasen, vielen samen met heidense feesten en veel van de voorwerpen die met Kerstmis worden geassocieerd, zoals maretak en kerstboom, zijn overgenomen uit voorchristelijke tradities.

Symbolen en hun toepassingen

Door de eeuwen heen is het geestelijke leven van de mens verrijkt met een onuitputtelijke verscheidenheid van symbolen. Overal ter wereld hebben beschavingen symbolen en symboolstelsels verfijnd met het doel het spirituele, lichamelijke en intellectuele welzijn te bevorderen. In dit hoofdstuk richten we onze aandacht op drie verschillende vormen waarin wij met symbolen hebben te maken: kunst, meditatie en dromen.

Symbolen voeden bewust en onbewust het artistieke scheppingsproces. In traditionele culturen heeft kunst vaak een louter symbolische betekenis en drukt in visuele termen de overtuigingen en aspiraties van de gemeenschap uit. In de westerse cultuur heeft de kunst door de groei van het individualisme op artistiek gebied een deel van dit meer expliciete symbolische doel verloren: symboliek is immers een collectieve activiteit. Maar op verschillende manieren zijn symbolen toch een rol in de kunst blijven spelen: als uiting van archetypische thema's, als doelbewuste toepassing van traditionele beelden of als een middel om persoonlijke boodschappen vorm te geven. In de moderne tijd heeft de belangstelling voor de werking van de menselijke geest geleid tot een doelbewuste symbolische kunsttraditie, die zich blijft verzetten tegen de verlokkingen van de abstracte kunst.

Meditatie weerspiegelt de in vele culturen diepgewortelde gedachte dat de juiste vorm van geestelijke discipline psychisch, spiritueel of lichamelijk sterker maakt of zelfs toegang kan geven tot een ultieme werkelijkheid die anders ontoegankelijk zou zijn. Meditatie betekent dat men contact maakt met zijn innerlijke kern en alle afleiding die de innerlijke rust verstoort tot zwijgen brengt. In mystieke meditatievormen geven symbolen als een wiel (rad) of lotus toegang tot een hogere werkelijkheid.

Droomsymbolen vormen een wetenschap op zich. Hier kunnen alleen enkele algemene thema's worden behandeld. De duiding van droomsymbolen wordt bemoeilijkt doordat we ook rekening moeten houden met de persoonlijkheid en de omstandigheden van de dromer. Niettemin kan kennis van de archetypen van Jung nuttig zijn en door langere tijd dromen op te schrijven en er vragen over te stellen kan men waardevolle inzichten verwerven in de boodschappen die zij ons uit het onbewuste brengen.

Symbolen in de kunst

De geschiedenis van de kunst is de geschiedenis van de indringendste symbolen van de mens. Vanaf het Paleolithicum (zie blz. 22) hebben kunstenaars gebruik gemaakt van esoterische en exoterische symbolen om de opvattingen van hun tijd en datgene waarmee zij zich bezighielden uit te drukken. Kunstprodukten van alle beschavingen getuigen van de nauwe relatie tussen religie en symboliek. In het oude Egypte schreven vrijmetselaars de namen van de eigenaars op de beelden van koningen en edellieden, omdat ze geloofden dat de beelden na hun dood een eeuwige rustplaats voor hun geest zouden zijn. Grafzerken (platte stenen op de graven van vooraanstaande Egyptenaren) dienden een zelfde doel. Ze waren versierd met afbeeldingen waarin de overledene werd getoond naast een tafel vol offers voor de goden en beschreven met magische symbolen en rituele gebeden gericht aan Osiris (god van de twee werelden). Ze waren bedoeld om de veiligheid van de ziel van de dode zeker te stellen.

Hoewel in Noord-Europa decoratieve en grafkunst uit de Bronstijd (3000-1100 v.Chr.) is gevonden, hadden de belangrijkste ontwikkelingen in deze periode plaats in de bloeiende stadjes en steden rond de Middellandse Zee. Het aardewerk en de metalen voorwerpen van de minoïsche beschaving op Kreta, die veel te danken heeft gehad aan de oudere beschavingen van Egypte en Mesopotamië, wordt gekenmerkt door het gebruik van spiralen, golvende lijnen en andere geometrische motieven. We denken dat deze symbolen, die aan

Maria Boodschap
Door het gebruik van kleuren en geometrische symbolen benadrukt de renaissancekunstenaar Domenico Veneziano in deze voorstelling van de Maria Boodschap (het ogenblik waarop de engel Gabriël de Maagd Maria vertelt dat ze een zoon van de Heilige Geest zal krijgen) het overweldigende van de gebeurtenis. De lelie die Gabriël vasthoudt is een christelijk symbool van maagdelijke liefde, onschuld en de Maagd Maria. Het wit van de lelie staat voor Maria's zuiverheid, de rechte stengel voor haar goddelijkheid en de omlaag gekromde blaadjes voor haar nederigheid.

de zee en de elementen doen denken, uitingen waren van een gevoel van eenheid met de natuur en ook in talismannen werden gebruikt om zeevarenden en reizigers van een veilige reis te verzekeren. Minoïsche fresco's tonen vaak rituelen, religieuze plechtigheden en gevechten en met grote regelmaat stieren, griffioenen en andere dieren die wellicht symbolisch een beschermende functie hadden.

Na de ondergang van de grote minoïsche en Myceense koninkrijken in de 13de eeuw v.Chr. namen de Grieken het voortouw over en verfijnden de geometrische stijl van de culturen voor hen. Abstracte vormen – zigzaglijnen, driehoeken, meanders en swastika's – hebben de Griekse kunst vier eeuwen overheerst. Pas in de 8ste eeuw v.Chr. kreeg de symboliek in de Griekse kunst een nieuwe visuele uitdrukking en helderheid. In deze periode begonnen op aardewerk- en andere kunstprodukten stereotype dieren en menselijke figuren, rituelen en gevechten te verschijnen. De Griekse vertelkunst, waarin verslag werd gedaan van goden- en heldendaden, kwam in de 7de eeuw v.Chr. tot ontwikkeling. De figuren in deze verhalen waren belichamingen van onbewuste archetypen. In kunst, filosofie en mythologie symboliseerden zij het zoeken naar zelfkennis en dienden als metaforen voor alle facetten van het openbare en privé-leven. Griekse kunstenaars leunden zwaar op de Syrische, Fenicische en Egyptische cultuur. Mythische schepsels uit het Oosten – gorgonen, chimaera's en harpijen – werden gehelleniseerd, dat wil zeggen eleganter en minder angstaanjagend. Bovendien leidde de Egyptische invloed tot het ontstaan van grote, losstaande beelden die op den duur leidde tot de harmonisch en esthetisch mooie, klassieke Griekse beeldhouwkunst.

Een zelfde benadrukking van de visuele kracht van symbolen om het bewustzijn te veranderen zien we in de Indiase en Oosterse kunst in het algemeen. De erotische paring van de hindoeïstische goden symboliseert de diversiteit van de schepping. Tantristische technieken laten zien dat seksuele vereniging een weg naar verlichting kan zijn. De lingam van Shiva (zie blz. 125) symboliseert niet alleen creatieve energie, maar ook het getal nul (oereenheid), terwijl in andere erotische beeldhouwwerken seksualiteit een uiting is van hemelse geneugten en eeuwige zegening. Een vaak terugkerend thema in de schilderkunst zijn de liefdesavonturen van Krishna met de melkmeisjes, die symbolisch zijn voor de goddelijke liefde voor de wereld ofwel de vijf universele geneugten: vlees, alcohol, graan, vis en geslachtsgemeenschap.

De Chinese kunst is altijd sterk doelgericht geweest: men probeerde de kijker te inspireren, op te voeden en inzicht te geven in de aard van de mens en het Grote Ultieme. Spirituele en morele boodschappen werden uitgedrukt door bepaalde 'nobele' thema's, in het bijzonder landschappen en de natuur,

De evangelisten
Middeleeuwse voorstellingen van de vier evangelisten als mens, leeuw, os en adelaar gaan terug op de vier wezens uit het visioen van Ezechiël en op oude oosterse symbolen, volgens welke deze tetrade de vier hoeders van de aarde of de vier steunberen van de hemel voorstelde.

Perseus en Andromeda
Dit doek van de 17de-eeuwse Noordnederlandse kunstenaar Joachim Uttewael is geschilderd in de overdreven, bonte stijl van het maniërisme. Het verhaal wil dat de Griekse held Perseus Andromeda (de dochter van de koning van Ethiopië) redde uit de klauwen van een zeemonster dat was gestuurd door Poseidon (de god van de zee) om het land Ethiopië te terroriseren. Perseus, hier afgebeeld terwijl hij met geheven zwaard boven het zeemonster vliegt, is een animusfiguur (zie blz. 13). De schelpen op de voorgrond symboliseren niet alleen zeereizen, maar ook het vrouwelijke beginsel en seksuele passie.

en daaruit ontwikkelden zich hogelijk gestileerde symbolische vormen. Zo kan elk deel van een landschap een aspect van de mens symboliseren: water was het bloed van de bergen, gras en bomen de haren, wolken en mist de kleren, en de eenzaam reizende geleerde, die vaak op dit soort schilderijen voorkwam, de ziel. Bamboe stond voor de geest van de geleerde, die wel kon buigen maar nooit brak, en jade voor zuiverheid. Zulke nauwkeurig bepaalde symbolen waren ook een kenmerk van de Chinese architectuur. De gekromde geveleinden van Chinese huizen waren niet alleen decoratief bedoeld, maar dienden ook om demonen terug in de ruimte te kaatsen als ze zouden proberen van het dak af te glijden om de bewoners te bezoeken.

In het middeleeuwse Europa vormden christelijke symbolen – afbeeldingen van Christus, Maagd Maria en heiligen – het middelpunt van de eredienst. Verhalende schilderijen met verscheidene symbolische lagen dienden om de grote massa analfabeten te onderrichten in de Heilige Schrift en de mysteriën van het geloof en ook om de relatie van de mens met God en kosmos te verklaren. In de middeleeuwse christelijke kunst werd vooral benadrukt dat God van een andere wereld was, dat er tussen hemel en aarde een enorme afstand bestond en dat redding alleen mogelijk was door verheffing van de geest. Deze mystieke benadering van het universum keerde in alle vormen van beeldende kunst en literatuur terug, maar misschien het meest spectaculair in de torenhoge gotische kathedralen, die vaak door bekwame toepassing van perspectief nog hoger leken dan ze waren.

De christelijke kunst en symboliek heeft tijdens de renaissance een drastische verandering ondergaan. Door het groeiende rationalisme, de toenemende kennis van de natuur en de herwaardering van christelijke en klassieke teksten is het naturalisme een grotere rol gaan spelen in de beeldende kunst. Voor de religieuze schilder- en beeldhouwkunst werden de natuur, het menselijk lichaam en de Grieks-Romeinse mythen weer acceptabel. Zo kon Michelangelo in zijn beroemde schilderij *Het Laatste Avondmaal* Christus afbeelden in de rol van Apollo of Hercules in plaats van hem te schilderen als de redder aan het kruis. En in de Rafaël Loggia in het Vaticaan zien we een mengsel van enerzijds mythische thema's met betrekking tot saters, sfinxen, nimfen en harpijen en anderzijds de meer orthodoxe symboliek van God als een patriarch met een grijze baard die op het scheppingsmoment land van water scheidt.

Ook al domineerden bijbelse thema's niet langer de Europese kunst, symbolen bleven door hun nauwe band met het creatieve proces belangrijk. Symboliek en creativiteit zijn beide vruchten van het onbewuste en sommige symbolische thema's in de beeldende kunst worden door de kunstenaar pas opgemerkt als hij achteraf zijn werk analyseert.

Symbolen in de kunst 43

Hindoe-goden in de kunst

Hindoe-goden zijn het eenvoudigst te herkennen aan hun attributen. Kali, de angstaanjagende kant van Devi (de grote godin), wier taak het is de demonen te doden die de kosmische orde bedreigen, wordt afgebeeld als een heks met een donker gezicht en een halsketting van schedels of koppen. Ze is besmeurd met bloed en draagt een riem van afgehakte handen; in haar vier armen houdt ze een zwaard, strop, schild of afgehakt hoofd. Kali zit op haar gemaal Shiva, een van de belangrijkste Hindoegoden. Shiva wordt gewoonlijk voorgesteld als een man (of hermafrodiet) met een witte huid. Op zijn voorhoofd is zijn derde oog zichtbaar (symbolisch voor zijn innerlijke wijsheid) en een halve maan. Brahma, God de Schepper (rechts) wordt gewoonlijk afgebeeld met vier hoofden. In de mythe wordt uitgelegd waarom: Brahma heeft uit zijn eigen lichaam een prachtige vrouw gemaakt en werd verliefd op haar schoonheid. Terwijl ze als teken van respect om hem heen liep, leidde Brahma's verlangen naar haar te kijken tot het ontstaan van een reeks van gezichten.

Het zoeken naar innerlijke wijsheid

In de Jungiaanse psychologie worden patiënten aangemoedigd zich te concentreren op symbolen die voor hen een speciale betekenis hebben. In het begin kunnen deze symbolen naar voren komen in dromen en krabbeltjes, maar in de loop van de tijd worden ze persoonlijker, krijgen een diepere betekenis en blijken te verwijzen naar delen van de psyche die moeilijk te verwoorden of nog nooit geuit zijn. Symbolen geven toegang tot de psyche en kunnen de patiënt helpen de eisen van zijn bewuste en onbewuste geest te verzoenen en zo psychisch gezond en stabiel te worden. Deze toepassing van symbolen is niet het exclusieve voorrecht van de moderne psychiatrie. Alle grote religieuze tradities hebben door middel van meditatie de kracht van symbolen in gerichte banen geleid om het vinden van vrede en spirituele wijsheid te bevorderen.

De essentie van mediteren is voorkomen dat men verstrikt raakt in willekeurige gedachten door zich te concentreren op één enkel (hoorbaar, zichtbaar of tastbaar) symbool, zonder dat men rationeel over de betekenis van het symbool nadenkt. Het symbool roept gedachten en inzichten op die louter worden waargenomen en dan weer weggebben uit het bewustzijn. Het doel van mediteren is om verder te gaan dan taalkundige interpretaties (die achteraf bij het analyseren wel zinnig kunnen zijn) om niet-talig intuïtief begrip te vinden dat onze beleving van de wereld en ons zelf radicaal verandert.

Als brandpunt van de meditatie kan in theorie alles dienen, van een zinloos krabbeltje tot kriebel op de neus, maar in de praktijk wordt voor het mediteren meestal gekozen voor archetypische symbolen, omdat zij een zekerder weg vormen naar het collectieve onbewuste waar ze ooit uit voortgekomen zijn. Noordamerikaanse Indianen en andere sjamanistische culturen zoeken de symbolen in de natuur: men kijkt naar een verre berg, luistert naar de wind of concentreert zich op het gevoel dat de grond geeft waarop men zit. De Katharen – een 'ketterse' christelijke sekte uit de 13de eeuw – mediteerden over de weerspiegeling van een kaarsvlam in water. Voor bepaalde vormen van yoga wordt nog steeds een vlam gebruikt. In het Tibetaanse *tumo* concentreert men zich op het groeiende gevoel van hitte achter in de buik en men laat dit gevoel door de chakra's circuleren (zie blz. 182) en vandaar door de rest van het lichaam. In bepaalde vormen van hindoe- en boeddhistische meditatie wordt in het kleinste detail een godheid of boeddha gevisualiseerd, inclusief symbolische kleuren en versieringen, en vervolgens stelt men zich voor dat deze via de kruin het hoofd van de mediterende binnengaat en in het hart tot rust komt.

Symbolen en meditatie
Om te mediteren over een archetypisch symbool, bij voorbeeld een rozenkruis, moet u ernaar kijken en alleen met de ogen knipperen als ze irriteren. Terwijl u zich op het symbool concentreert, probeert u geen oordeel te vellen over opwellende gedachten – laat gedachten in uw bewustzijn toe alsof er communicatie plaatsvindt met een rozenkruis in uw bewustzijn. Ziet u het kruis in gedachten scherp voor u, sluit dan de ogen en laat u almaar dieper in uw visualisatie wegglijden, alsof u een reis door uzelf maakt. Oefen geduld en na verloop van tijd zal het beeld een stroom van intuïtieve ideeën losmaken.
Door dit beeld vlak voordat u in slaap valt in gedachten te houden, kan het in uw dromen verschijnen, waar het zijn psychische betekenis duidelijk zal maken door de banden die er zijn met aspecten van het onbewuste (zie blz. 46-49).

De Tibetaanse Bardomandala

In bepaalde gevorderde vormen van boeddhistische meditatie over een mandala (zie blz. 60) heeft ieder deel van het geometrische ontwerp een andere betekenis, gewoonlijk een 'godheid' genoemd. Het zijn geen willekeurige voorstellingen, maar inzichten die aanvankelijk in de geest van spirituele meesters zijn opgeweld. Deze godheden kunnen worden gezien als de personificaties van de emotionele en fysieke krachten die het leven dragen; maar zoals alle ware symbolen zijn ze 'echt' in de zin dat zij een diepe werkelijkheid vertegenwoordigen die verder gaat dan de fantasie van de mediterende.

Droomsymbolen

Interpretatie van droomsymbolen

Een droom is een veelal sterk geconcentreerd verhaal, waarin een ontzagwekkende hoeveelheid informatie gepropt zit, vaak in een specialistische vorm van symboolsteno. Hoewel veel droomsymbolen geassocieerd worden met universele archetypen is hun exacte betekenis veranderlijk en afhankelijk van de psychologie van de dromer en de context waarin ze verschijnen. Daarom hebben droomwoordenboeken, die pretenderen elke droom objectief te duiden, maar een beperkte waarde.
Om de taal van de dromen te verstaan, moeten we eerst bestuderen welke betekenis uiteenlopende culturen aan de meest voorkomende symbolen hechten. Het hoofdstuk 'De wereld der symbolen' (blz. 51-139) vormt een goed beginpunt. Vervolgens moeten we een lijst maken van de symbolen die in onze dromen voorkomen en vaststellen wat in een droom de meeste indruk maakt – mensen, voorwerpen, kleuren, dieren. We moeten ook weten welke emoties deze symbolen losmaken en in welke gebeurtenissen ze thuishoren. Vele symbolen zijn tweeslachtig en kunnen in een droom zowel negatief als positief zijn. Onze emotionele reactie is een goede aanduiding voor de rol die ze spelen. Door een droomdagboek bij te houden, kunnen we terugkerende symbolen vaststellen en naar patronen zoeken, wat meer zin heeft dan ons af te vragen wat een enkele droom te betekenen heeft. Dank zij het droomdagboek kunnen we de inzichten uit onze dromen bewust in de context van ons maatschappelijke en psychologische leven plaatsen en een vollediger begrip voor de betekenis van onze droomsymbolen ontwikkelen.

Dromen zijn onvrijwillige produkten van de psyche. Dromen confronteren ons met een verwarrende reeks vertrouwde en onbekende beelden en gevoelens die ons iets te leren hebben. Al duizenden jaren ziet men de waarde van dromen in: lang geleden dichtte men dromen een voorspellende kracht toe en in Egypte geloofde men dat de goden door de dromen van de farao's konden spreken. De duiding van dromen heeft echter altijd een element van onzekerheid gekend, omdat de boodschappen zo vaak verborgen gaan in dubbelzinnige en onduidelijke symbolische vormen.

Sommige dromen vinden plaats op een *niet-symbolisch niveau* (niveau 1) en mogen letterlijk genomen worden; gewoonlijk gaat het om gemakkelijk vast te stellen ervaringen en bezigheden die met de laatste paar dagen samenhangen, materiaal dat hoofdzakelijk uit het voorbewustzijn (zie blz. 11) afkomstig is. Dromen die op *werelds symbolisch niveau* (niveau 2) plaatsvinden, gaan dieper en maken gebruik van symbolen om inhouden weer te geven die te maken hebben met essentiële lichamelijke functies, zoals voedsel, lichamelijk gemak en gezondheid, emoties en zorg voor de eigen persoon (kortom: zelfbehoud), en seksuele verlangens zoals de behoefte aan zinnelijkheid, orgasme en seksuele onderwerping of dominantie (behoeften die te maken hebben met de instandhouding van de soort). Hoewel deze thema's in een droom in taal kunnen worden behandeld, zijn ze vaak zo alarmerend en opwindend dat wanneer onze geest direct met ze te maken kreeg, we onmiddellijk wakker zouden schieten. Door de inhoud te vermommen als symbolen en metaforen kan de droom fungeren als de 'hoeder van de slaap', zoals Freud het noemde, zodat wij de lichamelijke en psychische voordelen van de slaap kunnen genieten. Dromen op dit tweede niveau zijn naar inhoud en uitbeelding veelal verwarrend, aangezien ons psychologische leven vaak zo'n grote warboel is.

Dromen die op het *hogere symbolische niveau* (niveau 3) plaatsvinden, raken aan ons verlangen naar een levenszin die het lichamelijke, emotionele en seksuele te boven gaat. Deze dromen wellen voornamelijk op uit het collectieve onbewuste (zie blz. 11). Jung noemde ze 'grote dromen', omdat ze een geweldige, gewoonlijk verheffende, emotionele lading hebben en de dromer vele jaren helder voor ogen kunnen blijven staan. In de meeste gevallen duiken er in deze dromen archetypen op, die deel uitmaken van de universele symbolische taal die volgens antropologen en psychologen niet aan culturele grenzen is gebonden. Ze lijken vaak geënsceneerd, alsof een regisseur vond dat we zonder een spoortje verwarring het droomtheater weer dienden te verlaten. Dromen op dit derde niveau zijn symbolisch en voor-talig, omdat ze worden geassocieerd met een deel van het onbewuste dat zich al ontwikkeld had voordat de mens taal leerde gebruiken. Ze bevatten psychologisch materiaal dat niet in

DROOMSYMBOLEN

Droomlogica
Sommige dromen lijken verwarrend, omdat de symbolen zich met elkaar vermengen. Dat kan beteken dat het om verschillende, met elkaar verband houdende verhalen gaat waarvan we de betekenis uiteindelijk kunnen achterhalen als we alert genoeg zijn. Absurde, onlogische en droomachtige combinaties van symbolen zijn het kenmerk van de surrealisten, onder wie de Belgische schilder René Magritte (boven zijn schilderij *Le joueur secret*).

Inhoud en context
Droomsymbolen dienen altijd te worden gerelateerd aan de context waarin ze optreden. Een parasol wordt universeel als een positief symbool gezien, maar als hij in een droom door de wind wordt weggeblazen, dan kan dat wijzen op het verlies van bescherming of status. Een geraamte, gewoonlijk toch een vrij onheilspellend symbool, kan wijzen op het einde aan zorgen of een ongelukkige relatie.

woorden kan worden geformuleerd; en hoewel deze archetypen ons tijdens het dromen letterlijk iets kunnen zeggen, worden die woorden eerder geassocieerd met delen van het bewustzijn die tijdens de slaap actief blijven en niet rechtstreeks met de symbolen zelf. Het lijkt alsof de betekenis van de symbolen door onze geest wordt herkend en tot op zekere hoogte wordt vertaald in woorden, zelfs tijdens de slaap.

Dromen gaan nogal spitsvondig met hun inhoud om. In een droom kunnen symbolen opeens raadselachtige veranderingen ondergaan. We springen op de rug van een paard en opeens blijkt het een hangmat aan een boom te zijn. We gaan een grot binnen en bevinden ons opeens in het schip van een kathedraal. We slaan een boek open en dat verandert in een schaakbord met schaakstukken. Enz., enz. Ons droomverstand accepteert deze bizarre veranderingen zonder tegensputteren. Of al onze kritische vermogens slapen, of we begrijpen al dromende dat deze veranderingen zinvol zijn.

Als ze zinnig zijn, wat betekenen ze dan? Het antwoord luidt dat symbolen en droomgebeurtenissen door hun betekenis en niet door hun verschijningsvorm aan elkaar gerelateerd zijn. Een paard dat verandert in een hangmat aan een boom kan vertellen dat als we een deel van onze instincten (het paard) oefenen, wij ons leven niet alleen gemakkelijker maken (de hangmat) maar ook creatiever (de boom). De positie van de hangmat, halverwege de wortels en de takken van de boom, kan bovendien wijzen op een wenselijk evenwicht tussen onze bestiale (de aarde) en spirituele kant (de boomkroon). Evenzo kan de grot die verandert in het schip van een kathedraal erop wijzen dat we dieper in ons onbewuste zelf (de grot) moeten gaan om niet alleen de ruimte te vinden waarnaar we in het leven verlangen (het schip), maar ook de spirituele leiding en richting (de kathedraal). Een boek dat verandert in een schaakbord kan laten zien dat we onze theoretische kennis (het boek) in praktijk (het schaakbord) moeten brengen.

Stel dat we dromen dat een trein bij een spoorwegovergang staat te wachten en plotseling in een olifant verandert die op ons af komt stormen. We trekken een pistool maar dat blijkt een lege fles te zijn. De droom lijkt te wijzen op een nieuwe fase in ons leven (de wachtende trein), althans aangenomen dat we bereid zijn van richting te veranderen (de overgang waar spoor en weg elkaar ontmoeten). En nu slaat de angst toe: de aanstormende olifant (symbolisch voor een hogere macht) dreigt ons te vertrappen als we ons niet verdedigen. Maar het wapen blijkt nutteloos te zijn. Deze voorbeelden laten zien dat een droom een helder verhaal kan vertellen als we maar de tijd nemen onze droomsymbolen met verstand te analyseren. En zoals we door oefening de gesproken taal beter gaan beheersen, zo raken we op deze manier steeds ver-

Nachtelijke verschrikkingen
Hoe beangstigend of irritant dromen ook kunnen zijn, we mogen nooit vergeten dat dromen proberen te helpen. Dromen richten onze aandacht op aspecten van ons psychisch leven, die we in ons wakende leven op de een of andere manier verkeerd gebruiken of over het hoofd zien. Beelden die voldoende emotioneel geladen zijn om ons op hun belang te attenderen, te stimuleren, waarschuwen of motiveren ons. De 18de-eeuwse Zwitserse kunstenaar J.H. Füssli heeft zich voor zijn schilderij *De nachtmerrie* duidelijk laten inspireren door droombeelden.

trouwder met de taal van de dromen en de manier waarop ons onbewuste psychische leven deze taal gebruikt om verwachtingen, waarschuwingen en angsten aan het bewustzijn door te geven.

De wereld der symbolen

Hoewel historici, archeologen, antropologen en psychologen symbolen uitgebreid hebben bestudeerd, heeft men tot nu toe geen uniforme theorie kunnen ontwikkelen die de taal van de symbolen recht kan doen op dezelfde wijze waarop de grammatica de gesproken en geschreven taal beschrijft. Anders dan het geschreven woord zijn symbolen niet aan praktische beperkingen onderworpen: de enige rem op de variëteit en rijkdom van symbolen wordt gevormd door de grenzen van de menselijke verbeelding. Symbolen kunnen elke denkbare vorm aannemen: afbeeldingen, metaforen, geluiden, gebaren, kleuren, mythen en personificaties. En ook de inspiratiebronnen van symbolen kunnen zowel van stoffelijke als onstoffelijke aard zijn.

Jung gaat ervan uit dat symbolen een universeel idioom vormen. Abstracte vormen, die direct uit het onbewuste opwellen en niet naar de tastbare wereld verwijzen, treffen we inderdaad overal ter wereld aan. Het 'christelijke' symbool van het kruis werd door de Assyriërs gebruikt als zinnebeeld van de hemelgod Anu en door de Chinezen als een symbool van de aarde. Nadat de Spanjaarden onder aanvoering van Hernán Cortèz in 1519 in Mexico aan land waren gegaan, zagen ze in tempels ontelbare afbeeldingen van kruizen – het symbool van de Tolteken van de goden Tlaloc en Quetzalcoatl. De indringers konden zich echter niet voorstellen dat het kruis iets anders dan een christelijk symbool zou zijn en veronderstelden daarom dat de Tolteken het kruis te danken hadden aan de zending van de heilige Thomas, de legendarische apostel van West-Indië. Dit voorbeeld onderstreept de constatering dat symbolen wel een kenmerk van de mensheid in het algemeen zijn, en toch in verschillende culturen uiteenlopende betekenissen kunnen krijgen. Culturen en religies worden in hoge mate gedefinieerd door de symbolen die ze gebruiken en vereren. Initiatie in een bepaald symbool bepaalt mede iemands identiteit. Door te ontkennen dat het kruis een symbool van de Tolteken kon zijn, voorkwamen de Spanjaarden in feite dat hun eigen religieuze opvattingen werden geërodeerd.

Maar symbolen zijn meer dan historische en culturele uithangborden. Ze kunnen helpen de menselijke geest beter te begrijpen. Op de volgende bladzijden wordt ingegaan op de esoterische en exoterische betekenissen van symbolen. Een fantastische stoet symbolen zal aan ons voorbijtrekken. Samen vormen deze symbolen een fascinerende inleiding tot een toverachtige wereld.

Vormen en kleuren

Vormen en kleuren zijn de bouwstenen van alle visuele symbolen, maar kunnen ook op zichzelf een diepe betekenis hebben. Religies die de directe afbeelding van God verbieden, zoals het jodendom en de islam, hebben een uitgebreid repertoire van abstracte vormen ontwikkeld om naar aspecten van de goddelijke energie te verwijzen. Symbolische vormen zien we echter ook in culturen, bij voorbeeld in die van het oude Egypte en Griekenland en van Noord-Europa, waar juist de naturalistische religieuze kunst een hoge vlucht heeft genomen. Abstracte symbolen, zoals vierhoeken, cirkels en reeksen puntjes waren echter al in het Paleolithicum gemeengoed in de kunst (zie blz. 22-25).

De alomtegenwoordigheid van symbolische vormen is ten dele te verklaren door het gemak waarmee ze te reproduceren en te herkennen zijn, maar het is ook zo dat ze betekenislagen bevatten die niet zo eenvoudig door realistische beelden kunnen worden weergegeven. In de loop van de tijd zijn de eenvoudigste vormen versierd en verfraaid en hebben nieuwe betekenissen gekregen. De anglicaanse Kerk erkent vandaag de dag bij voorbeeld maar liefst vijftig varianten van het christelijke kruis als authentiek.

Het toepassen van kleuren in de hedendaagse psychiatrie ter behandeling van geestesstoornissen is een weerspiegeling van de overtuiging dat kleur de psyche direct en diepgaand kan beïnvloeden. De symbolische taal van kleuren is het eenvoudigst te begrijpen als we de kleuren relateren aan de tinten die de natuur ons voorhoudt. De Chinese Han-keizers (206 v.Chr. - 200 na Chr.) lieten de kleur van hun rituele gewaden afhangen van het natuuraspect waartoe ze hun gebeden richtten. Ze droegen witte gewaden als ze de maan aanriepen en rood wanneer ze een beroep deden op de zon. In gelijksoortige zin zagen de Chinezen paars als een symbool van komend succes, aangezien ze deze kleur associeerden met zonsopgang.

Vormen kunnen gecombineerd worden tot nieuwe betekenislagen. Worden bij voorbeeld een naar boven en beneden wijzende driehoek (symbolisch voor respectievelijk de mannelijke en vrouwelijke krachten) met de tophoeken tegen elkaar gelegd, dan symboliseren ze een diabolo – een symbool van seksuele vereniging. Maar ook combinaties van kleuren kunnen specifieke associaties oproepen: in combinatie met wit staat rood voor sterfelijkheid, want bloedvergieten mondt uit in de bleekheid van de dood.

Kleuren van de regenboog
In de christelijke traditie symboliseren de zeven kleuren van de regenboog de zeven geschenken van de Heilige Geest aan de Kerk: doctrine, sacramenten, officie, organisatie, het gebed, de kracht om los te laten en de kracht om te binden.

Concentrische cirkels
Een verzameling concentrische cirkels wordt algemeen gezien als een symbool van de kosmos. Deze symbolische kaart van het universum (uit de 16de-eeuwse tekst *The Fine Flower of Histories*) toont de zeven planeten en de zon, het centrum van de wereld. De kaart combineert astrologie en de wetenschap van de letters en werd gebruikt voor waarzegdoeleinden.

Gewijde geometrie

Bepaalde geometrische vormen kunnen onbewust een diepe indruk maken en subtiele stemmingsveranderingen veroorzaken. Het duidelijkst wordt dit misschien geïllustreerd door de creaties van een bekwaam architect. Oude Griekse bouwwerken als het Parthenon wekken bij sommige bezoekers een gevoel van innerlijke rust op dat dagen en zelfs weken kan aanhouden. De overweldigende grootsheid van gotische kathedralen kan diep op onze gevoelens inwerken en een emotie van onbeperkte spirituele mogelijkheden losmaken.

De meest directe verklaring voor de psychologische invloed van abstracte vormen is dat zij bepaalde emoties vertegenwoordigen. Een hoekige vorm met onregelmatige, puntige randjes symboliseert voor de meeste mensen woede, terwijl een symmetrische, ronde vorm op ontspanning en innerlijke rust wijst. Het is mogelijk dat de vrijwel universele betekenis van bepaalde vormen is te herleiden tot een aangeboren geestelijk vermogen tot het creëren van patronen. Veel wijst erop dat wij een aantal geometrische vormen van nature als prettiger ervaren dan andere: baby's voelen zich sterker aangetrokken tot symmetrische, harmonieuze vormen dan tot asymmetrische, disharmonische vormen.

Deze voorkeur kan te maken hebben met de symmetrie van het menselijke gelaat en het gevoel van welbehagen en geborgenheid waarmee het gezicht van de ouders vanaf de geboorte wordt geassocieerd. Een kind dat naar bewegingloze voorwerpen kijkt en zijn eigen bewegingen begint te ervaren, beseft heel goed wat evenwicht is en dit besef kan zich op den duur in visuele termen vertalen. Onze gevoelens over geometrische figuren kunnen ook samenhangen met het intrinsieke evenwicht dat in de natuur bestaat – iedere stemming heeft haar tegendeel, waaraan zij bovendien ten dele haar bestaan ontleent (geen dag zonder nacht). Het thema evenwicht speelt met name een opvallende rol in de symbolische betekenis van het kruis, misschien wel het meest voorkomende en oudste menselijke symbool. In veel culturen symboliseert een kruis de kosmos: de verticale lijnen staan voor het spirituele, mannelijke beginsel en de horizontale voor het aardse en vrouwelijke. Op het snijpunt treffen hemel en aarde elkaar en het resultaat van dit contact is de mens, die door het kruis in zijn totaliteit wordt gesymboliseerd.

De cirkel
Lang geleden is de cirkel een symbool geworden van het mannelijke aspect van het goddelijke. Later groeide de cirkel ook uit tot de stralenkrans rondom het hoofd van engelen. Een cirkel heeft begin noch eind en staat daarom voor oneindigheid, perfectie en eeuwigheid. De cirkel wordt vaak gebruikt als een symbool van God.

Het vierkant
Het vierkant staat voor stevigheid: onbeweeglijke, aardse en tastbare volmaaktheid, en wordt geassocieerd met betrouwbaarheid, eerlijkheid, beschutting en veiligheid. Het vierkant is het meest gebruikte symbool in het Hindoeïsme, waar het verwijst naar orde in het universum en evenwicht tussen tegendelen.

De driehoek
Het magische getal drie verwijst naar de Heilige Drieëenheid. De naar boven wijzende driehoek symboliseert het opstijgen naar de hemel, vuur en het actieve mannelijke beginsel. De naar beneden wijzende driehoek symboliseert hemelse gunsten, water en het passieve, vrouwelijke beginsel.

Gewijde geometrie

De drie werelden

In deze afbeelding uit de 17de eeuw worden de grondvormen cirkel, vierkant (of rechthoek) en driehoek gebruikt als symbolen van resp. het rijk van God, de mens en Satan. De bovenste cirkel (1) is Jehova, de oneindige eerste oorzaak; de driehoekige stralen van de schepping wijzen zowel naar binnen als naar buiten. De binnenste cirkel (2) staat voor de wereld der engelen en hogere spirituele elementen die onder de hoede van God vallen. De vier driehoeken geven aan dat de hemel (3), aangeduid door sterren, engelen en het symbool van de planeet Mercurius, uitstijgt boven de elementen

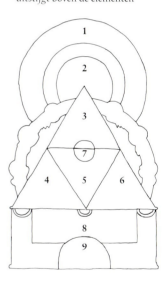

aarde (4, zwavel, stenen en dieren), lucht (5, meteoren, planeten en vogels) en water (6, metalen, vis en zout). De mensheid wordt gesymboliseerd door de cirkel (7) die hemel en aarde met elkaar verbindt. De vierhoek (8) onderaan vertegenwoordigt de hel, inclusief vuur en chaos. Satan is de halve cirkel (9), symbolisch voor incompleetheid.

De halve maan
De wassende verandert in de volle maan en neemt dan af en zo symboliseert de halve maan verandering. De halve maan staat voor het nieuwgeborene en de magische kracht die vormen kan veranderen. Omdat de halve maan 's nachts door de hemel trekt, is zij ook symbolisch geworden voor het lichtschip dat de ziel door de duisternis naar het licht van de nieuwe dageraad voert. De halve maan is een islamitisch symbool. In combinatie met een ster staat de halve maan voor soevereiniteit en waardigheid.

Het boeddhistische levenswiel
Een van de symbolische betekenissen van de cirkel is constante, cyclische verandering, wat grafisch door het boeddhistische levenswiel wordt uitgebeeld. Boven bevinden zich de hemelse sferen, dan volgen (rechtsomgaand) de werelden van de titanen (jaloerse goden), de hongerige geesten (aan de aarde gebonden geesten), de dieren en de mens. Het wiel wordt vastgehouden door Yama, de god van de dood, die alles verslindt. In het midden van het wiel worden de symbolen weergegeven van de drie vormen van begoocheling die de mens op het wiel en buiten het nirvana houden – een rode haan (lust), een groene slang (haat) en een zwart varken (onwetendheid).

GEWIJDE GEOMETRIE

Het ovaal
Een symbool van de vrouwelijke geslachtsorganen en dus het vrouwelijke principe. Het horizontaal afgebeelde ovaal vertegenwoordigt het alleszende oog, dat het bekendst is in de vorm van het oog van Horus (de Egyptische hemelgod). In 'heidense' culturen fungeert het ovaal als symbool van de zonnegod en in de christelijke symboliek verwijst het horizontale ovaal naar God de Vader.

De swastika
Dit wijdverbreide symbool wordt met name vereerd door jainisten, boeddhisten en mensen die Visjnoe toegewijd zijn. In wezen is het een kruis waarvan het middelpunt ronddraait; de hoeken aan iedere arm geven het stromende licht weer dat ontstaat als het kruis draait. In het jainisme vertegenwoordigen de vier armen de vier bestaansniveaus. De tegen de wijzers van de klok indraaiende swastika is een symbool van zwarte magie en negatieve krachten geworden.

Het Keltische kruis
Het Keltische kruis, een combinatie van kruis en cirkel, is vele eeuwen ouder dan het christendom. Oorspronkelijk werd het geassocieerd met vruchtbaarheid: het kruis als symbool van de mannelijke en de cirkel van het vrouwelijke voortplantingsvermogen. In het christendom geldt het Keltische kruis als een symbool van de vereniging van hemel en aarde.

Het omgekeerde kruis
Volgens de legende werd Petrus ondersteboven gekruisigd, omdat hij zich het rechtopstaande kruis van Christus onwaardig achtte. Het omgekeerde kruis is daarmee een symbool geworden van nederigheid. Daarnaast heeft het dezelfde betekenis als de omgekeerde levensboom: spiritualiteit is geworteld in de hemel en reikt vandaar naar de aarde.

Het anch
Het anch werd in het oude Egypte veel gebruikt. Ten dele heeft het dezelfde betekenissen al het Keltische kruis, maar daarnaast suggereert het de sleutel die de mysteries van hemel en aarde kan ontsluiten. Het anch is een combinatie van de symbolen van Osiris (de *tau* of het T-kruis) en Isis (het ovaal) en is een symbool van onsterfelijkheid. Goden worden vaak ermee afgebeeld.

Het rozenkruis
Het rozenkruis doet denken aan het Keltische kruis en de oudste symbolische betekenis ervan heeft eveneens met de voortplanting te maken. De Rozenkruisers gebruikten het esoterischer en meer in de betekenis van het bloed van Christus en de zeven initiatiefasen, voorgesteld door de zeven rijen van zeven bloemblaadjes waaruit de bloem (op het snijpunt van de armen) bestaat.

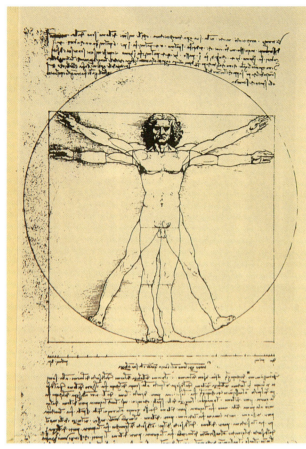

De homo universalis
De vorm van het menselijk lichaam heeft een grote symbolische betekenis. Zelfs de goden worden meestal in menselijke gedaante afgebeeld en uit de bijbel leren we dat God de mens 'naar zijn beeld' heeft geschapen. Het lichaam van de mens wordt gezien als een weerspiegeling van de structuur van het universum, waarin alle samenstellende delen en eigenschappen zijn te herkennen.

Salomonszegel
Het salomonszegel is bijzonder oud en vooral bekend uit de geschriften en praktijken van magiërs. Het roept sterke associaties op met de Hebreeuwse mystiek: vandaar de vorm van een davidster. De naar boven wijzende vuur-driehoek (mannelijke energie) ontmoet de naar beneden wijzende water-driehoek (vrouwelijke energie): versmelting in volmaakte harmonie. De grondlijn van elke driehoek snijdt de ander net onder de top, waardoor de symbolen van lucht en aarde ontstaan. Het salomonszegel is een beeld voor de vier elementen, maar samen met het cijfer 3 (de 3-hoek) ook voor het magische cijfer zeven. Het salomonszegel heeft echter niet meer dan zes punten en daarom wordt gezegd dat het zevende onzichtbaar is, symbolisch voor het spirituele element van de transformatie – het wordt zichtbaar voor het geestesoog van de magiër als hij over het salomonszegel mediteert.

Het geometrische oog
Het oog heeft behalve de symbolische associaties van het ovaal (zie blz. 57) ook andere geometrische betekenissen. Deze illustratie uit een 18de-eeuws Arabisch handschrift toont het oog als een ovaal met daarin twee cirkels, waarvan de binnenste een mantra van goddelijke wijsheid omsluit. Het oog leidt de buitenwereld naar binnen en kan de binnenwereld in de buitenwereld projecteren. Er zijn mytische figuren, zoals Medusa (zie blz. 82) die hun bedoelingen via een blik kunnen overbrengen, het zogenoemde boze oog.

GEWIJDE GEOMETRIE 59

De Keltische drievoudige omheining
Dit oude Keltische symbool staat voor het menselijke bewustzijn. Het buitenste vierkant symboliseert het deel van de geest dat via de zintuigen met de tastbare wereld in contact staat. Het binnenste vierkant is het onbewuste dat goden en andere werelden kan waarnemen. Het middelste vierkant is het deel van de geest dat ontvankelijk is voor de fysieke èn de spirituele wereld.

Het pentagram
Net als de cirkel kent het pentagram of pentakel geen begin of eind en symboliseert daarom op de eerste plaats volmaaktheid en totaliteit. Bovendien verwijzen de samenstellende driehoeken naar de vier elementen en naar spiritualiteit. Door deze twee eigenschappen heeft het pentagram de kracht om kwade geesten te binden of te verdrijven en is het een lievelingssymbool van magiërs.

De stoepa
De stoepa werd oorspronkelijk gebouwd om er relikwieën van Boeddha of zijn discipelen in te bewaren, maar is uitgegroeid tot een alomvattend symbool. Het vierkant staat voor aarde, de cirkel voor water, de driehoek voor vuur, de halve cirkel voor lucht en de vlam voor ether. Energie stroomt van beneden naar boven door niveaus met een afnemende materiële dichtheid en is op het hoogste niveau nog louter spiritueel.

De piramide
De piramide, het meest suggestieve driedimensionale symbool, staat voor de as van de wereld. De top symboliseert het hoogste spirituele niveau dat men kan bereiken en het bouwwerk daaronder de mens die naar steeds hogere niveaus van verlichting opklimt. In vroeger tijden kunnen piramides zijn gebruikt als ruimten waar men in mysterieculten werd ingewijd: de inwijdeling kwam door de poorten van de dood in daarachter liggende werelden en keerde veranderd in de wereld terug.

Mandala's en yantra's

De symboliek van geometrische vormen wordt maximaal benut in mandala's en yantra's, die met name in India en Tibet hun meest verfijnde en suggestieve vorm hebben gekregen. Mandala's en yantra's zijn niet alleen religieuze kunstwerken, maar dienen ook als concentratiepunt bij het mediteren. Ieder van deze complexe vormen is in wezen een voorstelling van het universum en de drijvende krachten en goden. Door over het symbool te mediteren en zich geestelijk naar het middelpunt te verplaatsen wordt de zoekende zich bewust van diepe betekenissen.

De meest voorkomende vormen in mandala's en yantra's zijn cirkels, driehoeken en vierkanten. Combinaties van deze vormen kunnen tot eigenaardige visuele effecten leiden, die de indruk geven dat alles slechts bestaat als verscheidene energievelden elkaar raken, zoals een regenboog alleen bestaat op het ogenblik dat zonlicht, water en invalshoek van de waarnemer op de juiste manier samenvallen. Door over de mandala te mediteren is de menselijke geest in staat om stap voor stap de relaties te 'decoderen' die aan de buitenwereld een illusie van duurzaamheid geven.

Het verschil tussen mandala's en yantra's is niet zo scherp, maar in mandala's zijn in de regel letters of een menselijke gedaante verwerkt (in de vorm van Boeddha's, bodhisattva's en andere godheden), terwijl yantra's hoofdzakelijk uit geometrische vormen zijn opgebouwd en een eventueel aanwezige menselijke gestalte slechts een marginale rol speelt. Voor meditatiedoeleinden hebben yantra's meer te bieden, aangezien ze symbolisch zijn voor werkelijkheden die achter de wereld van de tastbare vormen liggen. Psychologen hebben geconstateerd dat mensen die niets van oosterse mystiek weten in psychotherapeutische sessies spontaan mandala-achtige vormen tekenen: deze tekeningen worden gezien als een poging van het bewustzijn om het bestaan van onbewuste kennis te accepteren en te integreren.

Aoem mani padme hoem ('Heil aan het heilige juweel in de lotus. Amen')
De eiachtige vormen in de binnenste cirkel staan voor de bloemblaadjes van de lotus. Ze worden afgewisseld met de Tibetaanse symbolen van de mantra *Aoem mani padme hoem*. De binnenste cirkel toont het symbool van verlichting. De combinatie van vormen en letters helpt de mediterende zich te concentreren op het ontluiken van zijn 'innerlijke lotus', waardoor het juweel in zijn 'zelf' zichtbaar wordt.

De sri yantra
De sri yantra is een krachtig hulpmiddel bij meditatie. Van buiten naar binnen wordt de yantra steeds ingewikkelder en biedt zo de mogelijkheid om symbolisch terug te keren naar het ogenblik van de schepping van het universum en de handelingen te zien waarmee de geest onophoudelijk de buitenwereld creëert.

MANDALA'S EN YANTRA'S   61

Avalokiteshvara
In deze Nepalese mandala wordt de bodhisattva van het mededogen, Avalokiteshvara, met acht armen afgebeeld. In iedere hand houdt hij een symbool dat zijn aandacht voor de mens weergeeft. Een bodhisattva is een verlicht wezen dat weigert het nirvana binnen te gaan voordat alle andere bewuste wezens zijn gered. Avalokiteshvara symboliseert het mededogen dat men kan voelen als men over deze mandala mediteert. Men gelooft dat zijn geest is geïncarneerd in de Dalai Lama, de geestelijk en wereldlijk leider van Tibet.

Doolhoven en labyrinten

Velen worden gefascineerd door doolhoven of labyrinten. Het doolhof was voor de oude Egyptenaren en de grote beschavingen in Mesopotamië al een symbool. Keltische volken hebben het doolhof in voorchristelijke tijden afgebeeld en ook in Indiase en Tibetaanse culturen was het al bekend voordat het in de middeleeuwen als een motief in het christendom opdook. In veel culturen symboliseert het doolhof de innerlijke reis over de verwarrende en conflicterende wegen van de geest totdat de zoekende uiteindelijk het centrum bereikt en de essentie van zijn of haar wezen blootlegt.

Doolhoven kunnen gemaakt worden van heggen, zandwallen, muren e.d., maar ook gewoon op de grond worden aangegeven of op het plafond geschilderd. Een doolhof is niet altijd een 'puzzel'. Er bestaan labyrinten die maar één route kennen: via een spiraal komt men in het midden terecht en men hoeft dus niet bang te zijn voor verdwalen. In vroegere Europese beschavingen was dit type labyrinten vaak de plaats voor rituele dansen: de deelnemers hielden elkaars handen vast en dansten naar het middelpunt. Door deze gemeenschappelijke ervaring werd de sociale cohesie bevorderd. Een doolhof waarin men verscheidene wegen kan inslaan, en dus gedesoriënteerd kan raken, is veel bedreigender en individueler. Symbolisch gezien kan dit soort doolhoven aangeven dat men zoekend naar zijn kern gemakkelijk in de war kan raken en snel afgeleid wordt.

Voor de oude Egyptenaren kan het doolhof een symbool geweest zijn van de weg die de doden door de onderwereld moesten volgen, waarbij Isis de gids was en Osiris in het middelpunt wachtte om zijn oordeel te vellen. Deze gedachte is geabstraheerd en daarop werd het labyrint een symbool van mysterieuze, vrouwelijke, creatieve kracht die het leven schonk, maar in de gedaante van de koningin van de duisternis en de nacht ook de slaap van de dood kon brengen.

De weg van de waarheid
In het christendom is het labyrint aanvankelijk gezien als de weg der onwetendheid die van God wegleidde, maar vanaf de 14de eeuw werd het een positief symbool van de ware geloofsweg. Het doolhof werd veel in de architectuur gebruikt, bij voorbeeld op de vloer van de kathedraal van Chartres (boven) en op een plafond in het hertogelijk paleis in Mantua (rechts).

Doolhof met klok
Een symbool van de tijd: pas als men het middelpunt (het eeuwige leven) bereikt, kan men aan de tirannie van de tijd ontsnappen en rust vinden. Het leven van de mens is aan tijd gebonden en welke weg we ook inslaan, we komen altijd in het middelpunt – een symbool van de mystieke terugkeer in de baarmoeder.

Het labyrint en de Minotaurus

Een voorbeeld van een doolhof met verscheidene wegen is het Kretensische labyrint waarin Theseus de Minotaurus wist te vinden en vervolgens doodde. Theseus staat voor de reiziger die wordt geleid door een goddelijk instinct (een gouden draad) door het labyrint des levens en de lage, dierlijke kant van zijn natuur wist te overwinnen.

Wegen

Doolhoven komen regelmatig voor in dromen, veelal in de vorm van verwarrende wegen door een bos of een vreemde stad. De angstige of verbaasde dromer aarzelt welke richting in te slaan. De symbolische betekenis is verwarring of besluiteloosheid in het leven van de dromer als hij voor een groot aantal keuzes staat en niet weet hoe de verschillende keuzemogelijkheden zullen uitpakken.

Cijfers en geluiden

Cijfers zijn veel meer dan een gemakkelijke maatstaf voor de tastbare wereld. In veel tradities worden cijfers gezien als het meest fundamentele principe dat structuur geeft aan het universum. Het leven van dieren en planten, de seizoenen en de bewegingen van de planeten zijn alle onderworpen aan cijfermatige relaties; de vorm van kristallen en de muzikale harmonie is eveneens aan numerieke wetten onderworpen. Cijfers worden gezien als universeel sjabloon van de schepping en daarom als symbolen voor perfectie en voor de goden. In het Griekse en Hebreeuwse alfabet wordt aan ieder cijfer een letter toegekend en er werd groot belang gehecht aan de numerieke betekenis van een naam of zinsnede: de gedachte dat alles in termen van cijfers kan worden uitgedrukt zien we nu nog in de pseudo-wetenschappelijke waarzegkunst van de numerologie.

Geluid is een suggestieve en dus creatieve ervaring. Veel culturen schrijven aan de goden de kracht toe geluiden te maken, òf door elementen van de natuur, zoals wind, water en dieren, òf met muziekinstrumenten. In mythen kan geluid beheksend zijn (het geluid van sirenes) of vernietigend (het geschreeuw waarmee Jozua en de Israëlieten de muren van Jericho deden instorten). Veel scheppingsmythen vertellen dat geluid de heersende stilte doorbrak en dat toen de wereld ontstond.

Drie
Het cijfer drie ligt ten grondslag aan alle onderdelen van de schepping – lichaam, ziel en geest; geboorte, leven en dood; verleden, heden en toekomst. Veel religies kennen een drieëenheid, een symbool van eenheid in verscheidenheid. De drie wijzen (boven) symboliseren de majesteit, goddelijkheid en opofferingsgezindheid van Christus.

Vier
Vier, het cijfer voor de mens (met zijn vier ledematen), wordt geassocieerd met totaliteit en volmaaktheid – vier elementen, vier windrichtingen, vier seizoenen en vier levenstijdperken. Chinezen denken bij het cijfer vier aan de aarde.

Zeven
De som van het cijfer van de goddelijkheid (drie) en dat voor de mens (vier) is zeven en vertegenwoordigt de macro- en microkosmos en geeft uiting aan de relatie tussen God en de mensheid. De wereld werd in zeven dagen gecreëerd, de mens onderscheidt zich door zeven doodzonden van God en er zijn zeven initiatieniveaus (zeven hemelen) die de mens moet doormaken om tot God terug te keren. Het cijfer zeven hoorde bij de Griekse god Apollo en bij Isjtar, de Babylonische godin van de vruchtbaarheid.

CIJFERS EN GELUIDEN 65

Negen
Het heilige cijfer drie dat met zichzelf wordt vermenigvuldigd geeft negen, het onaantastbare getal van voltooiing en eeuwigheid. Negen wordt geassocieerd met een cirkel, vierkant en driehoek. Voor de Chinezen was negen het hemelse cijfer, het gunstigste cijfer dat er was en daarom waren er negen belangrijke sociale wetten en negen klassen van bureaucraten. In het hindoeïsme geeft het kwadraat van negen de uit 81 vierkanten bestaande mandala, die het universum symboliseert en bij profetieën en astrologische berekeningen als hulpmiddel wordt gebruikt.

M
De letter 'M' wijst op de vereniging van man en vrouw. Op deze afbeelding schuilen man en vrouw onder haar bogen.

Aoem
Hindoes geloven dat de schepping is voortgebracht door de klank 'Aoem'.

De mantra
In het hindoeïsme en boeddhisme is de mantra een heilige klank, die symbolisch een bepaalde goddelijke energie tot uitdrukking brengt. Mantra's kunnen hardop worden gesproken of in gedachten als klank. In bepaalde sekten fluistert de goeroe de mantra bij de inwijding in het oor van de inwijdeling.

Kleuren

De symboliek van kleuren valt in het dagelijks leven het eerst op. Kleuren hebben een direct effect op ons gevoelsleven, ze kunnen prikkelen of kalmeren, stimuleren of neerslachtig stemmen. Psychologen denken dat de invloed van kleuren heeft te maken met associaties met de natuur (blauwe lucht, rood bloed, gouden zon, enz.), terwijl occult ingestelde mensen een meer esoterische verklaring geven: ze leggen een band tussen de zeven kleuren van het kleurspectrum, het magische getal zeven en het aantal tonen van de toonladder. Op een dieper niveau symboliseren kleuren een fundamentele creatieve kwaliteit in het leven, waardoor de dood als zwart of wit wordt gezien (beide zijn alleen waar te nemen als kleuren afwezig zijn!).

De symboliek van kleuren kan zelfs de keuze van een kleur voor zuiver praktische doeleinden beïnvloeden. Er zijn mensen die denken dat de heraldiek de kabbalistische interpretatie van zwart als de kleur van de wijsheid heeft overgenomen.

Rood
Rood symboliseert de levenskracht uit de dierenwereld en staat voor de energie die door het lichaam circuleert. Men kan een rode blos op zijn gezicht krijgen en als men agressief opgewonden is kleurt het oogwit rood. Rood is de kleur van oorlog, de oorlogsgod Mars en de grootste Romeinse god Jupiter (links). Rood is de kleur voor mannelijkheid en activiteit. Voor Chinezen duidt rood op geluk; voor christenen wijst rood op de hartstocht van Christus.

Goud
Als kleur van de zon is goud een stoffelijk symbool van majesteit en het goddelijke principe. De Egyptenaren associeerden goud met de zonnegod Ra en met maïs, waar het leven van afhing. Voor de Hindoes was goud een symbool van waarheid. De oude Grieken zagen in goud een symbool van het denken en van onsterfelijkheid, dat in mythen werd voorgesteld door het gouden vlies (rechts) dat Jason hangend aan de levensboom vond.

Blauw
Blauw is de kleur voor verstand, vrede en contemplatie. Het staat voor water en koelte en symboliseert de lucht, oneindigheid, de leegte waaruit het leven voortkomt en naar terugkeert. Voor christenen is blauw de kleur van de Heilige Maagd als Koningin der Hemelen (rechts) en duidt op trouw, mededogen en het water van de doop. De oude Grieken en Romeinen schreven de kleur blauw toe aan Venus, de godin van de liefde.

KLEUREN 67

Groen
Groen symboliseert zintuigelijke waarnemingen, maar ook de natuur – niet alleen groei, ook verval. Groen is een ambivalente kleur, want zij wordt ook geassocieerd met jaloezie. Groen wordt positief geassocieerd met *Tir Nan Ong*, het Keltische eiland der gezegenden (boven), waarheen de ziel door de mist van de dood verhuisde.

Zwart
In het Westen is zwart het symbool van dood, verdriet en de onderwereld. De zwarte kat (boven) als een ongunstig voorteken is een vrij moderne gedachte. Voor hindoes duidt zwart op de tijd en op Kali, de godin der vernietiging. Voor de Egyptenaren was zwart de kleur voor hergeboorte en wederopstanding.

Wit
Wit staat voor zuiverheid, maagdelijkheid en het transcendente, maar ook voor de bleekheid van de dood en in het Midden-Oosten is wit de kleur van de rouw. Voor de Tibetanen is wit de kleur van de Berg Meroe, de berg 'op het middelpunt van de wereld' (boven), een symbool van het opklimmen naar verlichting.

Paars
Door de combinatie van de kracht en het gezag van rood en de heiligheid en wijsheid van blauw is paars de meest mystieke kleur. Als brandpunt van de meditatie kan het hogere bewustzijnsniveaus openen. Paars wijst ook op verdriet en rouw. De in paars geklede nimf Echo, die smachtte naar de liefde van Narcissus.

Geel
Geel zinspeelt op enkele facetten van goud, maar suggereert daarnaast ontrouw en verraad. Een gele vlag werd in het Westen gebruikt als aanduiding voor ziekte en quarantaine. In China echter was geel de nationale kleur, gewijd aan de keizer (rechts). Voor boeddhisten is geel de kleur van de bescheidenheid, wat het saffraangele gewaad van de monnik verklaart.

Voorwerpen

Als elementen van de fysieke wereld wordt aan voorwerpen een bijzondere betekenis toegekend aangezien zij een brug vormen tussen de buitenwereld der vormen en de onverwoordbare innerlijke werkelijkheid van de instincten, intuïties en ervaringen. De grootste symbolische betekenis wordt gehecht aan voorwerpen die aansluiten bij de universele, tijdloze preoccupaties van de mens: voedsel, seks, conflict en goden.

De oudst bekende beeldhouwwerken, de Venusbeeldjes uit het Paleolithicum (zie blz. 25) waren waarschijnlijk vruchtbaarheidsamuletten. Door het dragen van amuletten (vele zijn hierdoor gepolijst en versleten) riep men in stilte de geesten aan die over geboorte en regeneratie heersten. Dit soort talismannen kennen we uit vrijwel alle culturen. In het Westen bestaan ze nog steeds, hoewel in een verwaterde vorm (kettinkjes e.d.). Een talisman is gewoonlijk symbolisch voor een god of godin: hij herinnert de godheid voortdurend aan het bestaan van de drager, maar belichaamt ook de krachten van de god en kan de loop der dingen beïnvloeden. Het ronddraaien van een boeddhistisch gebedswiel is een manier om het er opgeschreven gebed (of mantra) uit te spreken. De kralen van de christelijke rozenkrans en de *mala* gedragen door moslims bieden de gelovige een patroon voor zijn gebed. De kralen hebben een betekenis op grond van hun nummer, maar verwijzen ook naar de symboliek van de cirkel (zie blz. 54). Van de islamitische *mala* staan 99 kralen voor de namen van God: de honderdste is stilte en staat voor de namen die alleen in het Walhalla bekend zijn.

De handwerksman die een voorwerp van steen, hout of metaal vervaardigd, speelt de rol van schepper. In oude culturen geloofde de handwerksman dat het voorwerp de energie van de schepper in zich opnam en daarom mediteerde hij eerst en voerde zuiveringsrituelen uit. In het moderne Japan doen smeden die ceremoniële wapens maken dit nog steeds.

De zandloper
De zandloper is niet alleen een symbool van sterfelijkheid en het verstrijken van de tijd, maar ook van de cyclische aard van het bestaan (omdat zandlopers steeds weer omgedraaid moeten worden) en voor de hemelse genade voor de aarde.

De Graal en de ronde tafel
In de middeleeuwse christelijke traditie vertegenwoordigt de ronde tafel het universum, totaliteit en volmaaktheid. De Heilige Graal (de legendarische kelk door Christus tijdens het Laatste Avondmaal gebruikt en later het vat voor zijn bloed) vormt het middelpunt van deze volmaaktheid en is de sleutel tot redding.

Koninklijke waardigheid, positie en inwijding

Veel ambtelijke kentekenen zijn symbolisch en drukken status, superieure wijsheid, toegang tot verborgen kennis, fortuin en rijkdom, werelds of spiritueel gezag uit. Dergelijke onderscheidingstekens dragen bij aan de mystiek die rond mensen in een hoge positie hangt en wijzen ons er steeds weer op hoe groot de afstand is tussen deze hooggeplaatsten en de gewone sterfelijke wezens.

Een machtig symbool van een hoog ambt is de sleutel, een initiatiekenmerk: het is een attribuut van de paus en de Romeinse god met de twee gezichten, Janus, die de sleutel bezit die de mens zowel aan de goden bindt als van zijn lagere zelf bevrijdt. De herdersstaf van Osiris en de Egyptische koningen, en metaforisch van Christus, staat voor leiderschap en bescherming. De dorsvlegel, een ander attribuut van Osiris, symboliseert gerechtigheid, wat nu nog voortleeft in de vliegenmepper die Afrikaanse stamhoofden bij zich dragen.

De doopvont
De doop zuivert symbolisch van zonden – hergeboorte in het levenswater van de baarmoeder van Moeder Aarde. Daarom ook is een doopvont vaak achthoekig (acht staat voor wederopstanding). Een doopvont bij de westelijke ingang van een kerk symboliseert dat men in de christelijke leefwijze wordt opgenomen.

De troon
Als een machtig symbool van monarchie, wijsheid en goddelijkheid kan de troon de relatie tussen God en de mens vertegenwoordigen. In het boeddhisme en het orthodoxe christendom staat een lege troon voor het allerhoogste, begenadigd met eigenschappen te groots om uit te beelden.

Koninklijke waardigheid, positie en inwijding

De kroon
De symboliek van de kroon heeft twee facetten: het ronde staat voor perfectie en oneindigheid en de hoogte voor majesteit. Een gouden kroon symboliseert mannelijke, solaire kracht, een zilveren vrouwelijke, lunaire kracht. De Heilige Maagd (Koningin der Hemelen) heeft een kroon van sterren.

De rijksappel
De rijksappel werd door een monarch tijdens de kroning gedragen en staat voor wereldlijke macht; het kruis erop vertegenwoordigt spiritueel gezag. De ceremoniële rijksappel en scepter wijzen op macht over de vrouwelijke en mannelijke krachten, die samen de creatieve krachten van de materiële wereld vormen.

Het wapen
Het (heraldische) wapen is in de 12de eeuw ontstaan als een herkenningsmiddel in het gevecht, maar uitgegroeid tot een symbool van identiteit, positie en verkregen eerbewijzen. Het ontwerp van een wapen is aan strikte regels gebonden: alleen bepaalde kleuren en symbolen zijn toegestaan en de (burgerlijke) staat van de drager – vrijgezel, getrouwd man, eerste zoon, enz. – wordt door bepaalde aanpassingen weergegeven. Het schild is het oudste en belangrijkste onderdeel van een wapen, de pluim en haar 'steunen' (vaak dieren) zijn 14de-eeuwse toevoegingen.

De olielamp
In de Grieks-Romeinse en later christelijke wereld werd het zalven met olie symbolisch voor inwijding, toewijding en wijsheid.

De fleur de lys
De lelie werd door de koningen van Frankrijk als koninklijk wapen aangenomen. De driebladige lelie staat voor de majesteit van God, Zijn schepping en Zijn koninklijkheid. De lelie staat ook voor de drieëenheid van lichaam, ziel en geest, uniek voor de mens.

Oorlog en vrede

Oorlog en vrede zijn voor de mens belangrijk. Oorlog wordt gewoonlijk gezien als destructief en een verstoring van de harmonie, als vernietiging van schoonheid of de komst van de hel op aarde. Vrede daarentegen als genezend en vruchtbaar, omdat het geplunderde land weer aan de ploeg toevalt en het oorlogstuig voor opbouwender doeleinden wordt aangewend. Maar dit zijn beslist geen universele beelden. Oorlog kan bij voorbeeld ook als een kruistocht worden gezien, een catharsis of de overwinning van het goede op het kwade. Vrede staat soms voor slapheid, zelfvoldaanheid of een gebrek aan jeugdige kracht.

Op psychologisch niveau kan oorlog wijzen op geestelijke onrust en de strijd tussen vleselijke lusten en geestelijke voorschriften. Oorlog wijst bovendien op de destructieve kracht van de krankzinnigheid en psychologische versplintering. Oorlog wordt gekenmerkt door agressieve kracht en is daarom tevens een symbool van mannelijkheid (in bijna alle culturen zijn oorlogsgoden mannelijk) en inwijding in de volwassenheid. Vrede kan staan voor een rijpe geest en de verzoening van tegengestelden; vrede wordt vaak geassocieerd met passieve, ontvankelijke, vrouwelijke energie, ofwel de kracht die het leven schept en voedt.

Wapens zijn vaak versierd met symbolen om hun kracht te vergroten. Christenen hebben het heft van hun zwaard de vorm van een kruis gegeven en in de voorkant van stormrammen was soms een ram uitgesneden. De twee koppen van de strijdbijl waren symbolisch voor goddelijke en materiële kracht. Legers en wapens werden voor de strijd vaak gezegend; voordat hij tot ridder werd geslagen, waakte de jonker de hele nacht bij het kerkaltaar met zijn wapens en harnas aan zijn voeten, zodat ze 's morgens aan hem gewijd waren en hij aan God.

De duif en de olijftak
Symbolisch voor het eind van de Zondvloed, toen een duif een olijftak naar de ark van Noach bracht. De duif als Heilige Geest is het klassieke symbool van vrede.

Mars, de Romeinse oorlogsgod
Mars wordt hier afgebeeld in een strijdwagen, op zichzelf al een symbool van strijd. Maart – de tijd waarin de legers na de winterstop weer werden gemobiliseerd – is naar hem genoemd.

Oorlog en vrede

De Apocalyps
De vier ruiters, waarschijnlijk de bekendste voorstelling van de Apocalyps, zijn in de loop van de eeuwen op verschillende manieren afgebeeld. Op deze 15de-eeuwse gravure van A. Dürer, *De Apocalyps*, draagt Oorlog een getrokken zwaard, Overwinning (begeleid door een engel) een boog, Honger een balans en Dood, gezeten op een ziek, uitgemergeld paard, een drietand.

Wapens
Wapens kunnen ook positieve symbolen zijn. Het zwaard staat vaak voor gezag en recht, de pijl en boog voor zonlicht en liefdespijn en de dolk symboliseert de fallus en mannelijkheid in het algemeen.

Muziekinstrumenten

Muziek en zang kunnen het bewustzijn sterk beïnvloeden en zelfs de mystieke ervaring bevorderen. Muziek is wel vergeleken met de oerklank die het universum heeft gecreëerd. Vele occulte tradities leren dat de zeven grondtonen van de toonladder (en de zeven kleuren van het kleurenspectrum) corresponderen met de zeven stralen die het leven in stand houden. Muziek symboliseerde derhalve de orde en harmonie achter de schepping en het lijkt niet meer dan natuurlijk om met muziek de goden aan te roepen. In het hindoeïsme wordt geloofd dat Laksjmi, de gemalin van Visjnoe, in muziekinstrumenten huisde en dat de verlichte ziel door de klanken van de instrumenten werd gesymboliseerd.

De lier
De lier is het bekendste symbool van Orfeus, door wiens muziek de vogeltjes uit de bomen vielen. De lier is echter ook een attribuut van Apollo, de god van voorspellingen en muziek. Het instrument staat voor wijsheid en matiging.

Trommel en Dans
Wijdverbreid is het geloof dat ritme en dans een nabootsing van het goddelijke scheppingsproces zijn en man en vrouw dichter bij hun instincten brengen. Opmerkelijke voorbeelden zijn de ongeremde dansen van de bacchanten (aanbidders van Bacchus, de god van de wijn) en de gekunstelde hindoeïstische tempeldansen, waarvoor ieder gebaar in detail is voorgeschreven. Ook de dood wordt als een koortsachtige dans voorgesteld, waaraan mensen van alle rangen en standen verplicht moeten deelnemen.

De harp
Daghda, de Keltische god van de overvloed, gebruikte een harp om de seizoenen op te roepen. De harp is ook symbolisch voor de verhuizing naar de andere wereld.

De hoorn
Het blazen van de hoorn kondigt het eind van de wereld aan of, in de joodse traditie, het naderen van een vijand.

Knopen, koorden en ringen

Knopen, koorden en ringen symboliseren het vastbinden van mensen of dingen en kunnen negatieve associaties als beknotting en gevangenschap oproepen, maar ook positieve als eenheid en initiatie. Zo staat bij voorbeeld het heilige koord van de brahmaan (in het hindoeïsme) voor zijn band met Brahma, het absolute, maar in het boeddhisme worden stervelingen 'gebonden' aan het levenswiel. Knopen kunnen net als het labyrint wijzen op het kwellende pad naar verlichting, terwijl ringen kunnen staan voor bescherming, eeuwigheid en het absolute.

De spiraal
In de Oudheid geloofde men dat lichamelijke en spirituele energie in spiraalvorm stroomde. De spiraal vertegenwoordigt zowel mannelijke (solaire) als vrouwelijke (lunaire) krachten.

De vlecht
Als symbool van het convenant tussen mens en God komt de vlecht in de christelijke kunst en architectuur voor. Dit dakuitsteeksel is afkomstig van de kathedraal van Southwark in Londen.

De onontwarbare knoop
In Keltische, Chinese en Hindoekunst staat de onontwarbare knoop voor continuïteit, lang leven en eeuwigheid. De onontwarbare knoop wordt vaak verwerkt in huwelijkskleding en sieraden.

De levensdraad
De drie schikgodinnen – Clotho, Lachesis en Atropos – uit de Griekse mythe spinnen, meten en snijden de draad des levens door en beheersen dus het lot van de mens van de wieg tot het graf.

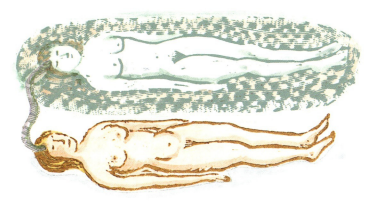

Het zijden koord
Volgens occulte tradities is het etherische dubbel door een zijden koord met het stoffelijke lichaam verbonden. In de Griekse mythe wordt de onzekere aard van het bestaan gesymboliseerd door de ene haar, waaraan het zwaard boven het hoofd van Damocles is opgehangen.

Gebouwen en monumenten

Vanaf neolithische tijden heeft de architectuur beantwoord aan de emotionele, spirituele en ook praktische behoeften van de mens. Bouwwerken geven daarom een historisch verslag van de ontwikkeling van onze gedachten over ons zelf en de wereld, en weerspiegelen onze hogere aspiraties. De afmetingen van talloze structuren, met name religieuze, zijn sterk beïnvloed door de symbolische betekenis van vormen. Architecten dachten dat zij, door zich aan bepaalde geometrische richtlijnen te houden, hun scheppingen een sacrale kracht konden geven.

Traditioneel prediken vele godsdiensten dat het lichaam de tempel van de geest is en dat het lichaam door de goddelijke architect is ontworpen. Ervan overtuigd dat de menselijke gedaante op een bepaalde manier de proporties van de macrokosmos weerspiegelt, hebben aardse architecten het menselijk lichaam als een sjabloon voor hun ontwerpen gebruikt. Een mooi voorbeeld vormen de meeste christelijke kerken: het ontwerp heeft de vorm van een mens met uitgestrekte armen. Vele tempels hebben een buiten- en binnenplaats, en een Heilige der Heiligen, die overeenkomen met de buik (de voortplantingsorganen), de borst (de organen die voor leven en vitaliteit zorgdragen) en het hoofd (de organen van de spirituele perceptie).

De graftombe
Lang geleden zag men de graftombe als de poort naar een ander leven en men begroef zijn doden samen met de voorwerpen die de overledene op zijn reis van de ene naar de andere wereld nodig zou kunnen hebben. In Europa werden de graftomben van rijke mensen versierd met figuren die de aardse kwaliteiten (zoals moed of eerlijkheid) van de gestorvene symboliseerden.

Kasteel en kasteelgracht
Het kasteel is alleen in het Westen als symbool gebruikt: het speelde tijdens de Kruistochten een grote rol als plaats waar men bescherming kon zoeken. Het kasteel symboliseert het bolwerk van goed of kwaad, of een plaats waar een schat wordt bewaard of een prinses (vaak een symbool van verlichting) gevangengehouden.

GEBOUWEN EN MONUMENTEN 77

De deur
De deur is een obstakel waardoor alleen ingewijden (zij die de sleutel hebben) kunnen gaan. Een deur symboliseert bovendien mogelijkheden of de overgang naar een nieuw zijnsniveau, zoals slaap of dood. In de christelijke symboliek staan de drie deuren van een kathedraal voor geloof, hoop en (naasten)liefde.

De brug
De brug is een symbool van overgang, met name van het leven naar de dood, of van het wereldse naar het goddelijke. De brug kan echter ook staan voor dreigend gevaar op het pad naar psychologische of spirituele ontwikkeling.

De stenen cirkel (rechts)
De functie van deze enorme megalitische bouwwerken is nog grotendeels onbekend. Misschien werden er erediensten gehouden en symboliseerde de cirkelvormige bouw het kosmische oog van de grote godin, de universele moeder. Van sommige stenen cirkels wordt beweerd dat ze een astronomische functie hadden, terwijl andere misschien verband hielden met overledenen.

Het raam (venster)
Een symbool van de manier waarop wij naar de wereld kijken en haar interpreteren. Het raam laat het licht van God (in een kerk of tempel) binnenvallen en kan daarom symbolisch zijn voor iemand of iets als een voertuig voor God.

De tempel
Een herkenbaar symbool van spirituele ambities en prestaties. De meeste tempels werden gebouwd als weerspiegeling van het totale universum, zoals dat op dat ogenblik werd gezien.

Dieren

De oude Egyptenaren geloofden dat bepaalde dieren de belichaming waren van de creatieve krachten (de goden) die het leven vorm gaven en instandhielden. Omdat de mens met al deze krachten in contact kon komen, nam de mens een hogere plaats dan het dier in, hoewel de mens tegelijkertijd het risico van geestelijke verwarring en psychische conflicten liep. Alleen door zich te spiegelen aan het dierenrijk kon de mens leren hoe hij de in hem huizende creatieve krachten kon ontwikkelen of beteugelen.

Dit soort ideeën vinden we ook terug in de sjamanistische tradities die ooit in het grootste deel van Azië, Europa en Noord- en Latijns-Amerika floreerden en nu nog een grote rol spelen onder de Noordamerikaanse Indianen en de volkeren die in Siberië en rondom de Noordelijke IJszee wonen. Dieren werden gezien als een bron van wijsheid en kracht, niet omdat ze meer zouden zijn dan de mens, maar omdat ze waren ingewijd in de geheimen van de natuur op een manier die voor de mens, beperkt als hij was door zijn intellect, niet openstond. Dieren konden daarom fungeren als gids naar andere werelden, profeten en inwijders in geheime kennis. Voor de sjamaan symboliseerde de mogelijkheid om met dieren te communiceren en het dragen van dierevellen het herstel van de paradijselijke toestand.

In de moderne maatschappij worden sommige dieren als gunstige of ongunstige voortekenen gezien en in bepaalde tradities is het normaal dat mensen dieren op de hoogte stellen van belangrijke gebeurtenissen, zoals geboorte en huwelijk. In de Hindoe- en boeddhistische kunst worden de goden door dieren voorgesteld en in de christelijke symboliek worden Christus en de vier evangelisten ook wel eens in de gedaante van een dier weergegeven (zie blz. 41). Tegenwoordig is het echter meer de gewoonte dieren te zien als symbolisch voor de lagere driften van de mens, zoals lust, geweld en hebzucht, die getemd of gedood moeten worden. Satan wordt bij voorbeeld vaak afgebeeld met de hoorns en de staart van een geit, de neus van een gier, de hoeven van een paard en de vleugels van een vleermuis. In het Tibetaanse levenswiel (zie blz. 56) worden de haan, de slang en het varken gezien als de lagere menselijke instincten, die ons aan de wereld van geboorte en dood houden gekluisterd en ons beletten van het levensrad af te stappen en het nirvana binnen te gaan.

De muis
Soms symboliseren muizen bescheidenheid, maar doorgaans hebben ze een negatieve, symbolische betekenis. In de joodse traditie staan ze voor schijnheiligheid, in de christelijke voor vernietiging (op sommige afbeeldingen knagen ze aan de Levensboom).

De waterjuffer
De waterjuffer is voor de Chinezen een symbool van de zomer, maar ook, door haar onvoorspelbare vliegpatroon, van instabiliteit. Voor Noordamerikaanse Indianen duidt de waterjuffer op snelle actie.

De vlinder
De vlinder is gewoonlijk een positief symbool van verandering en onsterfelijkheid, en de uit ogenschijnlijke dood en ontbinding geboren schoonheid (de levenloos lijkende cocon).

Diersymbolen
Het feit dat in mythen, kunst en religies van alle samenlevingen zoveel symbolische dieren voorkomen, onderstreept de grote invloed van instincten en emoties op het menselijk gedrag.

Draken en slangen

Huizend in de donkere holen van de aarde wordt de draak – met longen van vuur, vleugels van een vogel en schubben van een vis – gezien als symbool van de vier elementen van de oude wereld. De draak verenigt de vier elementen in één enkele gedaante, die onze verbeelding kan inspireren en ons in onze dromen weet te teisteren. De draak roept tegengestelde associaties op die symbolisch zijn voor de paradoxale kern van de mens – de wederzijdse afhankelijkheid van licht en donker, schepping en vernietiging, mannelijk en vrouwelijk. Maar meer dan elk ander symbool belichaamt de draak ook de eenmakende kracht die onder deze tegenstellingen schuilgaat. Op zich is de draak goed noch slecht, maar symboliseert de oerenergie die de materiële wereld instandhoudt en positief of negatief kan worden aangewend.

In het Midden-Oosten heeft men altijd de nadruk gelegd op de positieve aspecten van deze oerenergie. De draak wordt afgebeeld als een smeltkroes van de positieve krachten van de elementen. Door de combinatie van water (de slang) en lucht (de vogel, de levensadem) symboliseert hij de toenadering tussen materie en geest. Men geloofde dat deze positieve kracht via het wegennet van de draak – symbolische slagaders waardoor de energie van de aarde stroomt – de aarde kon bezielen.

Toen het christendom nog niet bestond viel zowel in het Westen als in het Oosten de nadruk op de goedaardige aspecten van de energie van de draak, waarvan de vlag van Wales, met een trotse rode draak, nog steeds getuigt. Het christendom heeft de slang de symbolische rol van Satan de verleider toegemeten en daarmee werd de draak steeds sterker een symbool van chaos, brute vernietigende kracht en het kwaad inherent aan de stoffelijke wereld. Soms voorkomt de draak dat wij een verborgen schat (spirituele wijsheid) vinden en soms ontvoert hij een maagd (zuiverheid) naar zijn ondergrondse verblijf.

Het ligt voor de hand dat de draak ook een symbool is geworden van de innerlijke wereld van emoties en het onbewuste. In het Westen is men de draak gaan zien als het beest dat in ieder van ons sluimerde, de primitieve krachten die, indien niet beteugeld, ons zouden kunnen verlagen tot het niveau van het beest.

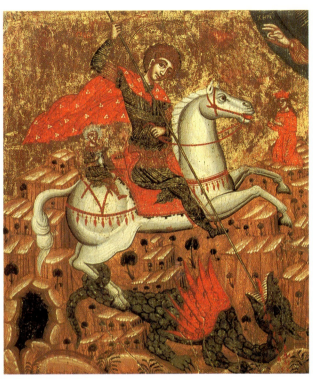

De drakedoder
De afbeelding symboliseert de overwinning van de geest op de materie. De lans is een symbool van mannelijke kracht èn de zonnestralen die op de aarde vallen.

De uit zee oprijzende draak
In het Oosten werd dit beeld geassocieerd met geleerdheid en geestelijke creativiteit. In het Westen was het een symbool van de onpeilbare diepten van het onbewuste en de vreemde krachten die daar huizen.

De keizerlijke draak (China)
De vier klauwen van Mang, de aardse draak, staan voor de vier elementen. Loeng, de keizerlijke draak (boven), had nog een vijfde klauw, symbolisch voor ether – de spirituele kracht die door de persoon van de keizer werd belichaamd.

Ouroboros
De uit het oude Griekenland en Egypte bekende slang die in zijn eigen staart bijt, legt een verband tussen de symboliek van de cirkel en die van de slang. Ouroboros valt onder het element water en is de evenknie van de feniks: beide staan voor totaliteit, hergeboorte, onsterfelijkheid en de eeuwige cyclus van het leven.

Medusa
Volgens de Griekse mythe was Medusa aanvankelijk beeldschoon, maar omdat ze in de tempel van Athena had liefgehad, was ze veranderd van een godin in een helleveeg met slangen als haar, die met haar blik een man kon doen verstenen. Ze symboliseert angst, in het bijzonder de angst van de man voor de snelle stemmingswisselingen van de vrouw. Het hoofd van Medusa is vaak als beschermende talisman afgebeeld op wapens en schilden.

De zevenkoppige slang
Een symbool met een dubbele betekenis. Het is een symbool van Lotan die volgens de Kanaänitische mythe door Baäl werd vernietigd, en mogelijk ook van de oorspronkelijke bijbelse Leviathan, later tot symbool van de zeven doodzonden uitgegroeid. Maar de zevenkoppige slang vertegenwoordigt ook de combinatie van een draak of slang met het mystieke cijfer 7 van het universum, en daarmee is het een zinnebeeld van de scheppende kracht in zijn meest doelgerichte en complete gedaante.

Verstrengelde slangen
Een symbool voor de dualistische, scheppende krachten (goed en kwaad) in de wereld van de vormen. Als ze om een staf zijn geslingerd, staan ze voor de caduceus, het symbool van Hermes, de boodschapper der goden (Mercurius voor de Romeinen). Volgens de mythe is de caduceus ontstaan toen Hermes met een staf twee vechtende slangen wilde scheiden, wat verklaart waarom het een symbool van vrede is geworden. Tegenwoordig gebruikt als een symbool van homeopathie, aangezien het doet denken aan de zelfgenezende kracht van de natuur.

Heraldische dieren

De heraldiek ontwikkelde zich in het middeleeuwse Europa als een formalisering van de verschillende emblemen, die adellijke families zich hadden toegemeten om hun identiteit aan een ongeletterde bevolking te laten weten. Sommige families gebruikten geometrische ontwerpen, maar vele kozen voor dieren die in een of ander opzicht aan de familienaam deden denken of voor kwaliteiten stonden die men aan zichzelf toeschreef. Sommige heraldische dieren waren mythische wezens, die hun bestaan ontleenden aan de gebrekkige biologische kennis in de middeleeuwen, andere waren gebaseerd op exotische dieren als leeuwen, luipaarden en tijgers, maar leken meer op vertrouwde Europese schepsels als wolven of honden. Heraldische beesten werden aangebracht op schilden en pluimen van helmen, en in hout gesneden of in steen uitgehakt.

De eenhoorn
Dit mytische dier heeft altijd een louter symbolische vorm gehad en wordt geassocieerd met het vrouwelijke en de maan. Door zijn naar voren priemende hoorn ook een symbool van de overwinning van het mannelijke op het vrouwelijke. In de heraldiek geldt de eenhoorn gewoonlijk als tegenhanger van de extraverte leeuw.

Het paard
Het trots stappende paard domineert in de heraldiek, omdat het snelheid, kracht en adellijkheid symboliseert. In de christelijke traditie staat het paard voor moed en in het Oosten voor vuur en de hemel. Het zwarte paard is een voorbode van de dood.

De adelaar
De adelaar symboliseert samen met de valk de hemelgod, de macht die de wereld van de mens te boven gaat en met zijn scherpe blik alles ziet en begrijpt.

De griffioen
De griffioen is de symbolische hoeder van de weg naar onze redding of van de Levensboom en staat voor waakzaamheid en wraak. De griffioen verenigt de kwaliteiten van de adelaar (lucht) en de leeuw (vuur).

De jonge haan
In de wapenkunde staat de jonge haan voor trots en moed. Omdat hij bij het ochtendgloren ontwaakt, is de jonge haan een zonnesymbool, een symbool voor wederopstanding.

De leeuw
Als een zinnebeeld van dapperheid, koninklijkheid en de bescherming belichaamt de leeuw de wijsheid en energie van het dierenrijk.

Honden en wolven

In de meeste culturen is de hond een positief symbool, omdat hij trouw, waakzaamheid, moed en jachtinstincten vertegenwoordigt. Honden zijn ook symbolisch voor mannelijkheid, de zon, wind en vuur en worden in de Keltische traditie met genezing geassocieerd. Door hun trouw zijn honden vaak gebruikt als offerdier en bovendien bij hun baasje begraven; Egyptenaren en Grieken geloofden dat de hond net als de mens in het hiernamaals verder leefde. Wolven en vossen hebben een ambivalente symbolische betekenis. De vos symboliseert veelal list en bedrog, hoewel Indianen grote instinctieve wijsheid aan de vos toedichten. In de christelijke traditie staat de wolf voor wreedheid, omdat hij de schapen verslindt die de bescherming van de goede herder versmaden, maar voor de Romeinen stond de wolvin die Romulus en Remus voedde voor moederlijke koestering.

De vos
In de oosterse mythologie is de vos een sterk positief symbool. Voor Japanners wijst hij op een lang leven en is hij de magische boodschapper van de rijstgod Inari. De Chinezen schrijven aan de vos het vermogen toe van vorm te veranderen en zelfs een menselijke gedaante aan te nemen.

Anoebis
Anoebis, de Egyptische god van de dood, had de gedaante van een jakhals. Hij zorgde ervoor dat de ziel veilig bij Osiris kwam, de god van de onderwereld en de hemel, om zijn oordeel te vernemen.

De weerwolf
De oorsprong van de weerwolf – overdag een mens, 's nachts een beest dat de onvoorzichtigen verslond – ligt in het middeleeuwse Europa. De weerwolf is een sterk symbool van angst en het geweld dat onder het beschavingsvernisje sluimert.

Canis Major
In de Oudheid zag men in de sterrengroep Canis Major een hond. In de landen rondom de Middellandse Zee kondigde het verschijnen van de sterrengroep 'hond' de komst van de afmattende zomerse dagen aan.

Katten

Als solitair levend nachtdier is de kat een minder krachtig symbool dan de hond. De kat hoort bij de maan en niet bij de zon en wordt niet zo zeer gekenmerkt door de meer zichtbare krachten van de man als wel door de verborgen mysteries van de vrouw. Omstreeks 2000 v.Chr. werd de kat door de oude Egyptenaren gedomesticeerd en langzamerhand het symbool van Bastet, de maangodin, en andere goden. De Chinezen schreven aan de kat het vermogen toe kwade geesten uit te drijven, hoewel een kat die een huis binnenging als een voorteken van armoede werd opgevat. In het Westen stond de kat voor satan, lust en duisternis en is hij het bekendst in zijn rol van de zwarte kat van de heks. In het meest positieve geval werden katten als regenmakers gezien, misschien door hun grote gevoeligheid voor water.

Bastet
De kat met haar gefixeerde blik symboliseerde voor de Egyptenaren waakzaamheid. Zij was Bastet, de maangodin, die koel en beheerst het doen en laten van mensen en dieren in de gaten hield.

Het oog van de jaguar
Zuidamerikaanse Indianen geloofden dat de spiegelende ogen van de jaguar de weg naar het rijk der geesten vormden. Sjamanen beweerden dat zij in de ogen van de jaguar de toekomst konden zien.

Katten
Katten kunnen symbolisch zijn voor huiselijkheid, maar ook voor wreedheid (misschien door hun jachtinstinct) en vrijheid (omdat ze zo moeilijk zijn te pakken). In de Keltische wereld vertegenwoordigden katten het kwaad en speelden een rol in spirituele offerandes.

De tijger
De tijger stond en staat vooral in China in hoog aanzien als symbool van woestheid en bescherming; afbeeldingen van tijgers versieren daar vaak deurstijlen en ingangen van gebouwen. Als koning der dieren staat de tijger voor vitaliteit en dierlijke energie.

Vogels en het vliegen

Vliegen is altijd symbolisch geweest voor ontsnapping aan de fysieke beperkingen van het aardse leven en het opstijgen van de geest naar de goden, na de dood of in de mystieke beleving. In zekere zin gelden deze associaties ook voor vogels, maar omdat vogels uit het luchtruim komen, kunnen ze ook de rol van boodschapper van kwaad- of goedaardige hogere machten toebedeeld krijgen. Vogels houden ook verband met de symbolische betekenis van bomen. Een donker- en een lichtgekleurde vogel in de takken van de Levensboom zijn symbolisch voor de dualistische aard van de werkelijkheid (duisternis versus licht, leven versus dood). In een Indiase variant van dit beeld eet de ene vogel de vruchten van de boom, terwijl de andere toekijkt, symbolisch voor het contrast tussen de actieve en beschouwende benadering van het leven.

In combinatie met slangen duiden vogels op conflict, de strijd tussen de lucht (open, uitgestrekt) en de zee (diep, verhuld). Psychologen vatten dit op als het conflict tussen het bewustzijn en het onbewuste of tussen exoterische en esoterische kennis.

Icarus
Volgens de Griekse mythe wisten Icarus en zijn vader Daedalus hun gevangenschap op Kreta te voorkomen door weg te vliegen met vleugels die ze met was aan hun schouders hadden bevestigd. Icarus negeerde het advies van zijn vader en kwam te dicht bij de zon, waarop de was smolt en hij dodelijk neerstortte. Daarom symboliseert hij de val van degenen die te ambitieus zijn.

De pelikaan
Omdat men dacht dat de pelikaan haar jongen met haar eigen bloed voedde, is de pelikaan een symbool van zelfopoffering (en in het christendom van Christus) geworden. Alchemisten zien de pelikaan als de antithese van de raaf (symbolisch voor de fase waarin men voor de wereld sterft) en daarom als symbool van wederopstanding.

Veren
De Kelten geloofden dat een veren hoofdtooi de drager een aantal eigenschappen van de vogel gaf: lichtheid, snelheid en het vermogen naar andere werelden te reizen. Voor de Noordamerikaanse Indianen symboliseren veren de Grote Geest en de zon.

VOGELS EN HET VLIEGEN 87

De raaf
De raaf zou de toekomst kunnen voorspellen, vaak in ongunstige zin. In de middeleeuwen gold de raaf als een symbool van onsterfelijkheid. Noordamerikaanse Indianen zien de raaf echter als wijs en sluw.

Ba
Een vogel wordt vaak gezien als een symbool van de ziel die het graf verlaat. De Egyptenaren, die vrij goed menselijke en dierlijke elementen konden combineren, beeldden deze vogel af als Ba, een havik met een mensenhoofd.

Leda en de zwaan
In de Griekse mythe nam Zeus de gedaante van een zwaan aan om Leda, koningin van Sparta (boven), te verleiden, waardoor de zwaan een symbool van liefde en goden werd. De zwaan staat echter ook voor eenzaamheid, muziek en poëzie, en de witte kleur van de zwaan is een symbool van oprechtheid.

De pauw
In de christelijke kunst staat de pauw voor onsterfelijkheid. Voor de Perzen golden twee pauwen rondom de Levensboom als een symbool van de psychische dualiteit van de mens. In de boeddhistische traditie is de 'honderdogige-staart' van de pauw een symbool van waakzaamheid uit mededogen.

Vissen en schelpen

De betekenis van vissen en schelpen is universeel positief. In vele culturen wordt de vis als een symbool gezien van vruchtbaarheid en de levengevende eigenschappen van het water. Vissen staan voor het leven in de diepten van de zee (diep water is een symbool van het onbewuste) en daarom voor inspiratie en creativiteit. De eerste letters van de Griekse woorden **I**esous **C**hristos **T**heou **Hu**ios **S**oter (Jezus Christus, Zoon van God, Redder) vormen samen *Ichthus*, het Griekse woord voor vis. In het christendom heeft er altijd een sterke associatie tussen Christus en vissen bestaan; de apostelen werden bij voorbeeld 'vissers van mensen' genoemd. In het boeddhisme staat de vis voor het vrij zijn van de beperkingen van verlangens en banden. De Hindoe-goden Brahma en Visjnoe zouden soms in de gedaante van een vis incarneren. De vis is een mannelijk en fallisch symbool, de schelp wordt echter door iedereen als vrouwelijk gezien en beschouwd als een symbool van geboorte, geluk en wederopstanding.

De geboorte van Venus
Het thema van dit schilderij van Sandro Botticelli is de associatie tussen de schelp en de godin Venus. Volgens de mythe is Venus geboren uit het schuim dat ontstond toen de afgehakte genitaliën van Uranus in zee werden gegooid en zij door een schelp aan land werd gebracht. De hier afgebeelde schelp symboliseert, net als alle schelpen die open kunnen klappen, de vrouwelijke geslachtsorganen en het vrouwelijke beginsel. Een schelp is bovendien symbolisch voor de christelijke pelgrimstocht (met name naar de schrijn van de heilige Jacobus in de Spaanse stad Santiago de Compostela) en de inwijding in het christendom, want met een schelp werd het doopwater opgeschept.

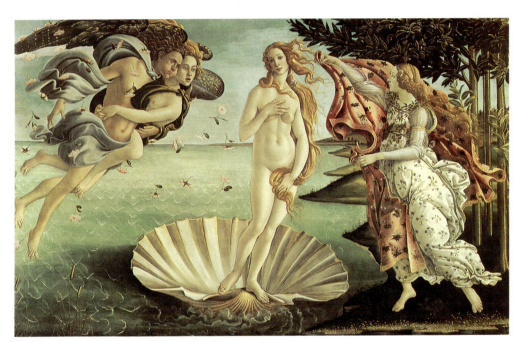

De zalm
De zalm weet instinctief zijn ver verwijderde broedplaats te vinden en werd daarom in de Keltische mythologie geassocieerd met voorspellen en inspiratie.

Drie vissen
De drie vissen – soms in elkaar, soms met één kop – symboliseren in het christendom de Drieëenheid. Zoals de door het water bewegende vis alleen door iemand met goede ogen kan worden opgemerkt, zo is ook de goddelijke kracht alleen zichtbaar voor mensen met een scherpe, spirituele blik.

VISSEN EN SCHELPEN 89

De visvangst (links)
Een symbool van overvloed en wijsheid: Lucas' verhaal van de wonderbaarlijke visvangst loopt vooruit op de rol van Petrus als visser van mensen. Het visnet wordt ook wel gezien als een symbool van het streven van de mens naar verlichting.

Jonas en de walvis (boven)
Aanvankelijk was de walvis symbolisch voor de macht van het kosmische water, pas later kreeg hij negatieve connotaties en werd een zinnebeeld van de kaken en buik van de hel. Jonas werd door de walvis opgeslokt, maar kroop drie dagen later weer naar buiten: symbolisch voor hergeboorte door spirituele bekering.

De octopus (rechts)
De octopus is een van de meest voorkomende symbolen in de culturen rondom de Middellandse Zee. De octopus doet denken aan de spiraal en staat voor de ontplooiing van de schepping vanuit het mystieke centrum. Samen met de kreeft wordt de octopus soms in verband gebracht met het astrologische teken van de Kreeft.

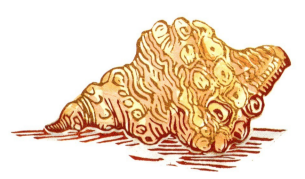

De trompetschelp (boven)
In het boeddhisme wordt het geluid van de trompetschelp als de stem van Boeddha beschouwd. In het hindoeïsme wordt de trompetschelp met Visjnoe geassocieerd en symboliseert zij de roep om onwetendheid af te schudden.

Apen en olifanten

In de oosterse symboliek komen apen en olifanten veel voor. De aap, die onophoudelijk en vruchteloos lijkt te kletsen, symboliseert de afgeleide geest, die door bepaalde inspanningen, zoals meditatie, op een doel gericht moet worden; de getemde aap kan uiterst loyaal en intelligent zijn.

De symboliek van de olifant is gebaseerd op zijn belangrijke rol in het commerciële en dagelijks leven. Omdat de olifant traditioneel het vervoermiddel was van prinsen en maharadja's die hoog op zijn rug zaten, symboliseert de olifant status, kracht en een vooruitziende blik. Omdat de olifant zo oud kan worden, staat hij ook voor de overwinning op de dood en wijsheid en waardigheid op oudere leeftijd.

De drie aapjes
Apen symboliseren onze neiging tot roddelen en leedvermaak. De drie aapjes – 'horen, zien en zwijgen' – geven aan dat wij daar bovenuit kunnen stijgen en tot geestelijke discipline in staat zijn.

De witte olifant
Voor het boeddhisme is de witte olifant heilig, omdat wordt aangenomen dat Boeddha in de gedaante van een witte olifant de baarmoeder van zijn moeder is binnengegaan. Daarom staat de olifant voor het geduld, de wijsheid en het geweldige geheugen van Boeddha. Voor Chinezen is de olifant een van de sterkste dieren en symboliseert kosmische energie.

Hanoman (links)
De Indiase aapgod Hanoman, een held uit de *Ramayana* (waarin hij figureert als een bondgenoot van Rama, een incarnatie van Visjnoe), symboliseert sluwheid en kracht. Als hij door vuur wordt bedreigd, bedwingt hij het, wat symbolisch is voor het tantristische vermogen zelfs de heftigste emoties in spirituele energie om te zetten.

Ganesja (boven)
In het hindoeïsme geldt de olifant als het voertuig van Ganesja, de god van de religieuze kennis, de onzichtbaarheid en voorzichtigheid. Ganesja is de beschermgod van het leren en bovendien de legendarische schrijver van de *Mahabharata*. Traditioneel wordt hij afgebeeld als een, gewoonlijk rechtop zittende olifant met vier armen waarmee hij de mens geschenken en bescherming geeft.

Schapen en geiten

Voor velen in het Westen is de geit vooral een symbool van Satan en magie, maar buiten de joods-christelijke traditie is het beeld van de geit positiever. In het oude Griekenland was de geit aan Zeus gewijd (die als zuigeling door de geit Amalthea was verzorgd), terwijl de geit door haar vruchtbaarheid en sluwheid ook aan Pan en Artemis werd gekoppeld. Misschien omdat hij in de bergen woonde, symboliseerde de geit in de Hindoe-traditie superioriteit en het hogere zelf. In de Noorse legende werd de wagen van Thor door een geit door de hemel getrokken.

Een schaap staat in de regel voor het tegenovergestelde: blind- en domheid. Maar omdat het schaap zo gedwee kan volgen, is het ook een symbool van de leerling, die nauwgezet de leringen van een god of spirituele meester volgt en zijn persoonlijke wil opoffert ten gunste van een verlichte kijk op de eenheid van het bestaan.

De geit
Deze tekening van de occultist Eliphas Lévi (zie blz. 145) van de geit als duivel bevat een baaierd van magische symboliek: de caduceus groeit uit de genitaliën, het pentagram bezet de plaats van het derde oog, de drieledige kroon van vuur versiert de kop, de handen wijzen naar maansymbolen en de hoorns en borsten wijzen op de versmelting van mannelijke en vrouwelijke krachten.

Het offerlam
Een symbool van martelaarschap. Tijdens het joodse paasfeest symboliseert het bloed van het lam gehoorzaamheid aan Gods wil.

De Goede Herder
Als symbool van zorg voor en bescherming van de hulpelozen, komt de Goede Herder in alle culturen voor die ooit nomadisch zijn geweest.

Ea (Onnes)
Ea, de Babylonische god van het water (ook bekend als Onnes), wordt vaak afgebeeld als een geit-vis, een symbool dat de vruchtbaarheid van zee en land in zich verenigt. De bovenstaande afbeelding is gebaseerd op Soemerisch aardewerk en toont Ea als een troep geiten rondom een centraal geplaatst symbool van water.

Stieren, herten en beren

Voor de moderne mens is de stier een ondubbelzinnig symbool van mannelijkheid, kracht en voortplantingsvermogen. In de Myceense en Romeinse cultuur werd de stier tijdens de jaarwisseling geofferd, omdat stierebloed symbolisch was voor het mannelijke principe dat de vrouwelijke aarde bevruchtte en het land nieuw leven schonk. In werkelijkheid is de symboliek van de stier niet zo duidelijk. Door zijn halve-maanvormige hoorns wordt hij, vooral in culturen in het Nabije Oosten en rondom de Middellandse Zee, eerder met de maan dan met de zon in verband gebracht. Daarom heeft de stier ook vrouwelijke connotaties en werd hij door de Romeinen geassocieerd met de godin Venus.

Europa en de stier
In de Griekse mythe verscheen Zeus als een witte stier, die Europa (dochter van koning Agenor) meenam. Daarna baarde zij hem twee zonen, van wie er een, Minos, koning van Kreta werd. In christelijke interpretaties van deze mythe werd de witte stier gezien als Christus die de ziel naar de hemel bracht.

De os
De symboliek van de os en de buffel komt grotendeels overeen met die van de stier. In het taoïsme en boeddhisme staan de os en de stier echter ook voor het ego. De taoïstische wijze Lao Tse wordt vaak rijdend op een buffel afgebeeld, waarmee wordt aangegeven dat het mogelijk is het ego te bedwingen.

Het hert
Sjamanen worden vaak als hert afgebeeld, een symbool van wijsheid. In culturen rondom de Middellandse Zee werd het hert, door zijn vertakte gewei, gelijk gesteld aan de Levensboom. Voor Chinezen is het hert een symbool van viriliteit.

De beer
De (mannetjes) beer symboliseert voor Noordamerikaanse Indianen en Chinezen moed en kracht. Voor de oude Grieken was de berin gewijd aan Artemis, de godin van de jacht (Diana in de Romeinse mythologie).

Zwijn (varken)

Hoewel het varken in onze tijd wordt beschimpt en geëxploiteerd, heeft het een eerbare geschiedenis en neemt een prominente plaats in de symboliek van vele beschavingen in. De zeug was door haar grote aantal nakomelingen en haar vele melkklieren al in lang vervolgen tijden een vruchtbaarheidssymbool. Bij de Egyptenaren was de witte zeug gewijd aan Isis, de grote moeder, en het zwarte varken aan Set, de onheilspellende, negatieve kracht in de schepping. In een aantal Griekse legenden werd Zeus, toen hij zich voor zijn vader Cronus verborgen hield, door een zeug gevoed. De Grieken offerden bovendien varkens aan Ceres en Demeter, twee vruchtbaarheidsgodinnen. Ook Hindoes hadden respect voor het varken en zagen het als een symbool van Vajravarahi, het vrouwelijke aspect van de god Visjnoe (die zelf als wild zwijn was geïncarneerd).

Voor de boeddhisten was het varken een symbool van onwetendheid en hebzucht, terwijl het in de joodse traditie verwees naar onrein voedsel (waar waarschijnlijk goede hygiënische redenen voor waren). De christenen adopteerden het varken als een teken van zinnelijkheid en vleselijke zonden: in het Nieuwe Testament verbant Christus onreine geesten naar het Gadareense zwijn, wat symbolisch aangeeft dat man en vrouw hun lagere instincten moeten overwinnen.

Het gulzige varken
Gulzigheid, een van de zeven doodzonden, werd verfoeid door de christelijke kerk omdat het de grovere, materiële kant van de mens versterkte. Vrij onterecht werd het varken uitgekozen als symbool van gulzigheid, wat onmiskenbaar heeft bijgedragen aan het vrij lage imago dat dit intelligente dier in onze tijd heeft.

Het wilde zwijn
Een symbool van kracht en moed. Voor de Kelten door zijn solitaire leven in het bos een teken van magie en profetie. In West-Europa symboliseert de kop van het wilde zwijn gezondheid en beschutting tegen gevaar, de reden waarom het zo vaak op feesten en de helmen van strijders wordt gesignaleerd.

De zeug en haar biggetjes
De zeug is een passend symbool van het moederschap, zowel in de zin van vruchtbaarheid als van zorgzaamheid. De Indianen zagen het varken als een regenbrenger, die voor alle kinderen van de Grote Geest het land deed leven.

Lagere schepselen

Terwijl vogels, huisdieren en grote of opvallende beesten een vooraanstaande plaats in de symbolische taal van de meeste culturen hebben gekregen, geloofden onze voorouders dat de kleinere schepselen ook een belangrijke rol in de magische wereld om hen heen speelden. Zij leefden dicht bij de natuur en dachten dat alles met alles samenhing, zodat elk aspect van de natuur betekenis had. Men dacht dat alles in de schepping bewustzijn had – de sterren aan de nachtelijke hemel, de wind in de bomen, zelfs het getrippel van de kleinste beestjes. Ook insekten, – hun gedrag en levenscyclus begrepen onze voorouders nauwelijks – kregen symbolische associaties. Men dacht bijvoorbeeld dat vliegen werden voortgestuwd door demonische krachten: Beëlzebub, tegenwoordig synoniem voor Satan, was oorspronkelijk een Syrische personificatie van de destructieve kracht van insektenzwermen.

De vleermuis
In veel culturen belichaamde de vleermuis de krachten van duisternis en chaos. Voor de boeddhisten was de vleermuis een teken van onwetendheid en afleiding, maar voor de Chinezen was zij juist een symbool van geluk en een lang leven.

De pad
De pad wordt vaak geassocieerd met hekserij en de lelijke kant van het leven. Maar net als de slang wordt de pad vaak afgebeeld met een juweel op zijn kop, een teken van de wijsheid die in alles het goddelijke ziet.

De spin
Voor de Kelten symboliseerde het spinneweb het web dat het leven samenhield. Voor Egyptenaren en Grieken vertegenwoordigde het spinneweb het lot. Christenen zagen in het spinneweb de verleidingen van Satan. De spin zelf staat voor de verslindende Grote Moeder.

De haas
De haas wordt universeel gezien als een symbool van liefde, vruchtbaarheid en de menstruatiecyclus. De haas is lang beschouwd als een magisch dier, een hazepootje werd veel gedragen om heksen en kwaad af te wenden. De haas wordt sterk geassocieerd met de maan (sommige mensen zien in de contouren van de maan een haas.)

Hybridische wezens

Imaginaire, hybridische schepselen hebben twee hoofdfuncties: ze combineren de symbolische krachten van verschillende dieren en als ze waren samengesteld uit beesten die verschillende elementen vertegenwoordigden, dan symboliseerden ze de fundamentele eenheid van het bestaan. Zo symboliseerde de Chimaera (leeuwekop, geitelijf en slangestaart) de drie delen van het jaar: lente, zomer en winter. Voor de mensen die ze bedachten, vormden hybridische schepsels geen onmogelijke tegenstelling, want als alles in de schepping met alles samenhing, dan moesten er ook nieuwe vormen kunnen ontstaan. Veel wijst erop dat men vroeger niet zo'n groot onderscheid tussen fantasie en werkelijkheid maakte zoals wij nu doen. Als iets kon worden voorgesteld, dan moest het ook in een of ander opzicht (kunnen) bestaan.

In het overgrote deel van de gevallen hadden hybridische schepselen een positieve symbolische betekenis. Ze leefden in een dimensie die deze en andere werelden te boven ging en zodoende konden ze de mens niet alleen in zijn strijd tegen duistere krachten helpen, maar ook fungeren als boodschappers van de goden en als een bron van wijsheid op zichzelf. Veel Egyptische goden werden als half-dier en half-mens afgebeeld (zie blz. 26) en in vroeger tijden heeft men altijd geloofd dat goden naar willekeur hun gedaante konden veranderen om invloed uit te oefenen op de wereld of de mens.

Garuda
Garuda, half mens en half adelaar, is in het hindoeïsme het voertuig van de god Visjnoe en in het Tibetaanse boeddhisme de vernietiger van *naga's* of boosdoeners. Degenen die Visjnoe vereren, gebruiken afbeeldingen van Garuda, de aartsvijand van de slang, als hun zinnebeeld. De wildheid waarmee Garuda in de Tibetaanse en Indiase kunst wordt afgebeeld, maakt duidelijk dat vijanden van de natuurlijke orde op vergelding mogen rekenen.

De sfinx
De sfinx speelde al een rol in de Egyptische mythologie ver voordat hij in steen naast de Grote Piramide van Cheops werd vereeuwigd. De sfinx is een combinatie van vier wezens die de vier elementen symboliseren: het hoofd van een mens (meestal een vrouw), het lichaam van een stier, de klauwen van een leeuw en de vleugels van een adelaar. De sfinx had toegang tot alle wijsheid en was symbolisch voor het raadsel van het menselijk bestaan.

De basilisk (slangdraak)
De basilisk, het meest angstaanjagende mythische beest, symboliseert in de oosterse en westerse legende het kwaad, de lust en ziekte (in Europa in de 15de eeuw met name syfilis). Zijn blik was dodelijk en iedereen die met hem vocht, moest op zijn reflectie in een spiegel letten.

De sater
Saters of geitmensen waren natuurgeesten en volgelingen van Dionysus (de Griekse god van wijn, muziek en extase). Oorspronkelijk waren ze symbolisch voor de amorele, luie en genotzuchtige kanten van de mens, maar latere werden ze in christelijk Europa gelijkgesteld met de duivel.

De Chimaera
De Chimaera stamt uit de 5de eeuw v.Chr. en is een oud symbool van de elementaire chaos en de gevaren van land en zee. De Chimaera gold als voorteken van stormen, schipbreuk en natuurrampen, met name vulkanische uitbarstingen, en komt in de middeleeuwse christelijke kunst voor als een symbool van duivelse krachten.

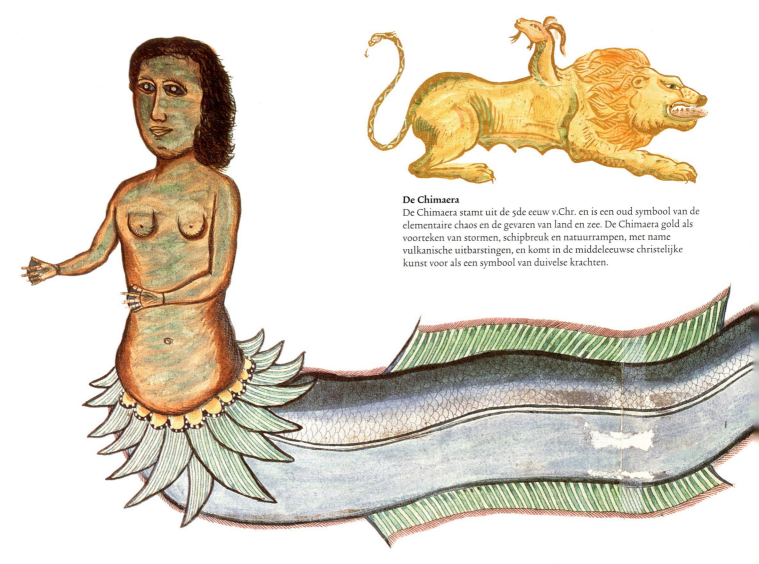

Hybridische wezens

Harpijen
In de Griekse mythologie waren harpijen vrouwelijke windgeesten, die werden geassocieerd met de onderwereld en het vertrek van de ziel uit het lichaam. Ze konden winden opwekken, op land stormen en op zee draaikolken ontketenen en men hield ze verantwoordelijk voor een plotselinge, onverwachte dood.

Sirenen
De sirenen, dochters van de Griekse god van de zee, Poseidon, stonden voor de vrouwelijke schoonheid in haar meest destructieve en bedriegelijke vorm. Ze werden afgebeeld als een vogel met een vrouwenhoofd en hadden prachtige stemmen die boven het geluid van de zee uitkwamen en zeelieden naar hun ondergang lokten.

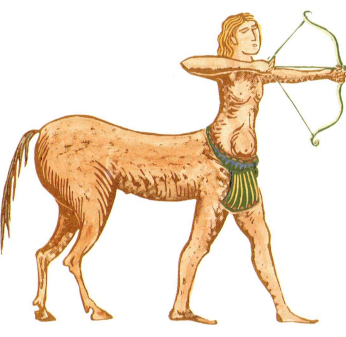

De centaur
Half mens, half paard staat de centaur voor de wilde, wetteloze, instinctieve kant van de mens. Hij is de antithese van de ridder, die het paard van de instincten berijdt (en daarom controleert). In de Griekse kunst worden centaurs vaak bereden door Dionysus, een verwijzing naar hun amoureuze gedrag en drinkgewoonten. Maar Chiron, de vriendelijkste van alle centaurs, symboliseerde de genezende krachten van de natuur en zijn vaardigheid met de boog verwees naar de macht en vruchtbaarheid van de natuur.

De zeemeermin
Zeemeerminnen zijn soms gezien als hallucinaties van naar vrouwelijk gezelschap snakkende zeelieden en symboliseren daarom de geïdealiseerde, onbereikbare vrouwelijke schoonheid, maar ook ijdel- en grilligheid. Net als alle wezens die in de diepte leven staat ook de zeemeermin voor het onbewuste en in het bijzonder voor de anima, het vrouwelijke aspect in de mannelijke psyche.

De natuur

In de Oudheid werd de waarneming van de mensen het sterkst beïnvloed door de directe ervaring van de natuur. Hun concepten van ruimte en tijd en hun positie in het universum kunnen we alleen begrijpen in samenhang met de natuur. Men nam aan dat elk aspect van de natuur een bepaald facet van de goddelijke energie tot uiting bracht. De oudste goden waren, weinig verrassend, belichamingen van de natuur. In nagenoeg alle oude culturen werden de aarde en de natuur oorspronkelijk als een godin voorgesteld: zo zijn Aranrhod (Keltisch), Nekhebet (Egyptisch), Nokomis (Algonquin) en Gaia (Grieks) verschillende versies van de universele moederfiguur.

Ook was het geloof ruim verbreid dat alle vormen van leven uitwisselbaar waren en dat de mens een deel van de natuur was en niet de baas. Op afbeeldingen van Dumuzi (Tammuz), de Mesopotamische god van de herders, versmelten de vormen van plant, dier en mens met elkaar. Voorstellingen van de boomman (zie blz. 103) zijn uit verscheidene westerse culturen bekend.

Hoewel de primitieve natuurgoden vaak waren onderworpen aan grotere en meer verfijnde groepen goden, behielden mythen en symbolen gebaseerd op de natuur een vooraanstaande plaats in alle culturen en sommige hadden zelfs een wereldwijde betekenis. De relatie tussen vogel (een symbool van vuur, zuiverheid en de geest) en slang (de aarde en de onderwereld) is het onderwerp van talloze mythen. En de schildpad is zowel in Noord-Amerika als Zuid-Azië een symbool van het universum (de hemel, de aarde en de onderwereld gesymboliseerd door bovenste schild, lichaam en onderste schild). Afbeeldingen van de Levensboom (zie blz. 102) zien we in nagenoeg iedere cultuur in elke tijd. In het moderne christendom verschijnt dit oude symbool als een zinnebeeld van de Maagd Maria, die de wereld de vrucht van haar schoot, Jezus Christus, schonk.

De chrysant
In het Oosten gold de chrysant als een gunstig voorteken en verwees tevens naar contemplatie en het begin van de herfst.

De mystieke tuin
De tuin staat in dit schilderij van de visionaire, 19de-eeuwse kunstenaar Samuel Palmer voor het ingesloten vrouwelijke beginsel.

Bomen

Bomen behoren tot de krachtigste symbolen van de mens. De boom belichaamt het leven, het raakpunt van drie werelden (hemel, aarde en water) en de wereldas rond welke het universum is georganiseerd. Vroeger werd algemeen geloofd dat een boom een overvloed van goddelijke creatieve energie bevatte (vaak gepersonifieerd in de vorm van bovennatuurlijke wezens) die door de ingewijde kon worden beteugeld en dan toegang gaf tot andere zijnsniveaus. Bossen werden een symbool van mysterie en transformatie en de verblijfplaats van tovenaars en magiërs.

Overal waar bomen konden groeien was het vrij gewoon ze te aanbidden. Sommige soorten bomen hebben een nagenoeg mondiale betekenis. Altijd groene bomen staan voor een lang leven en onsterfelijkheid en loofbomen voor herstel en wedergeboorte – beide hadden echter dezelfde functie: de mens ervan te verzekeren dat hij zou blijven bestaan.

In de regel kregen specifieke boomsoorten echter een cultureel bepaalde betekenis. De Kelten en de Noren aanbaden de eik, terwijl in het oude Griekenland de vlierboom aan Pan was gewijd, de klimop aan Bacchus, de laurier aan Apollo en de lepelboom aan Dionysus. In Egypte was de tamarisk aan Osiris gewijd. In het oude Griekenland werden bomen in de nabijheid van graftomben of tempels beschermd, omdat men geloofde dat de geest van de doden en de goden erin huisden.

Van vele bomen werd geloofd dat ze genezende eigenschappen bezaten, omdat ze op de een of andere manier bepaalde ziekten symboliseerden. De esp beeft in de wind en werd gebruikt tegen koorts. De hazelaar zou magische krachten bezitten en speelde daarom een rol bij het opsporen van water en leverde het toverstokje van de magiër. Ook hout op zich had een symbolische betekenis en stond in het Midden-Oosten en India voor de *prima materia*, de oergrondstof waarvan alles is gemaakt.

De palmboom
De lange palmboom met zijn naar alle kanten uitstralende kroon doet denken aan de zon en werd daarom een symbool van roem, overwinning en rechtvaardigheid. Palmbladeren waren begrafenissymbolen, die naar het leven hierna verwezen.

De denneappel
De recht op de takken staande denneappel met zijn vlamachtige vorm was voor de Grieken een teken van mannelijkheid. De Romeinen zagen er een symbool van zuiverheid in en schreven hem toe aan Venus.

De kerstboom
Tijdens de winterzonnewendefeesten van Scandinavische en andere Noordeuropese volkeren symboliseert de versierde, altijd groene boom de levenskracht die blijft bestaan, ook in de 'dode maanden' van het jaar.

Het bos

De symbolische betekenis van bos is oud en gaat terug op de periode waarin het land nog sterk bebost was en er voor landbouw door hard werken grond moest worden vrijgemaakt. Als contrast met de orde en openheid van bebouwd land staat het bos voor duisternis, chaos en onzekerheid. Voor mensen zonder vrees kan het bos echter een plaats van vrede en een schuilplaats zijn. Psychologisch is het bos symbolisch voor het onbewuste, waar geheimen kunnen worden ontdekt en misschien duistere emoties en herinneringen onder ogen moeten worden gezien.

De Levensboom

De Levensboom staat in het hart van het Paradijs en symboliseert volmaakte harmonie. De twaalf (soms tien) vruchten aan de takken zijn de beloningen voor spirituele groei, onder meer wijsheid, liefde, waarheid en schoonheid. De vruchten zijn manifestaties van de zon. Wie ze eet of het sap van de boom drinkt, wordt onsterfelijk.

De Wereldboom

De wortels van de Wereldboom omvatten de aarde en zijn takken strekken zich tot in de hemelen. Hij symboliseert de mogelijke verheffing van de mens uit het rijk van de dichte materie naar de wereld van de ijle geest. Een opmerkelijke versie van dit symbool is Yggdrasil, de Scandinavische Kosmische Boom, waaraan de Noorse god Odin negen dagen en nachten heeft gehangen en geleden.

De Omgekeerde Boom

De Omgekeerde Boom heeft zijn wortels in de spirituele wereld en groeit naar de aarde toe. Het is een symbool van de creatieve kracht van de geest en van de notie dat het menselijk leven een lichamelijke manifestatie van de geest is. Magiërs gebruikten dit symbool. De hier getoonde is een kabbalistische Levensboom met de tien sefira – de tien aspecten van God.

Twee bomen, één wortel

Esoterische overleveringen leren dat de verschillen in de tastbare wereld zijn voortgekomen uit een oorspronkelijke toestand van eenheid. Wie de spirituele weg wil bewandelen, moet de fragmentarische stukjes van zijn ware aard bij elkaar zoeken. De twee uit één wortel gegroeide stammen laten zien dat uit eenheid dualiteit groeit, maar dat de eenheid wordt hersteld in de werkelijkheid, die onder de verschijnselen schuilgaat.

De boomvrouw

Enerzijds symboliseert dit beeld Moeder Aarde (het verzorgende, vrouwelijke beginsel) anderzijds de onzichtbare levenskracht, die in de aarde sluimert, om door de mannelijke energie van wind, regen en zon te worden bevrucht.

De boomman

Dit is een van de sterkste vruchtbaarheidssymbolen: de mannelijke energie doordrenkt de aarde met leven, maar is zelf onderworpen aan de eeuwige cyclus van verval en vernieuwing. Dit symbool dat soms de Groene Man wordt genoemd, komt in verschillende westerse culturen voor, uiteenlopend van de god Pan tot Herne de Jager.

De Boom der Kennis (rechts)

Een dualistisch symbool van de kennis van goed en kwaad. Adam en Eva werden verleid om zijn vruchten te proeven en daarom verbannen naar de wereld der tegenstellingen. De slang die zich om de boom kronkelt, is niet alleen het vertrouwde symbool van de verleider, hij is ook een oud mystiek symbool van de opstijgende energie van de aarde. De Boom der Kennis wordt ook wel afgebeeld als een wijnstruik.

Specifieke bomen (boven)

Verschillende boomsoorten hebben in oosterse en westerse culturen hun eigen betekenis. Bij de Kelten en de Oudkeltische druïden vertegenwoordigde de eik goddelijkheid en het mannelijke principe, terwijl dezelfde boom voor de Romeinen een zinnebeeld voor Jupiter, de god van de donder, was. De vijgeboom is voor de boeddhisten een symbool van verlichting. In de Chinese taoïstische traditie stond de perzikboom voor onsterfelijkheid.

Bloemen en planten

De Grieken dachten dat de grond in het Paradijs met narcissen was bedekt. De Chinezen geloofden dat voor iedere vrouw op deze wereld in de volgende een bloem bloeide. Deze twee oude gedachten illustreren de meest gebruikelijke symbolische betekenissen van de bloem: paradijs en vrouwelijke schoonheid. De ontluikende bloemknop staat voor het scheppingsproces (energie straalt vanuit het centrum) en de energie van de zon. Bloemen zijn ook universele symbolen van jeugd en vitaliteit, maar door hun tijdelijkheid staan ze tevens voor kwetsbaarheid.

Planten symboliseren de levenscyclus (vruchtbaarheid, dood en hergeboorte) en van vele werd geloofd dat ze afhankelijk waren van de levenskracht (= lichaam of bloed) van een bepaalde god; de oude Egyptenaren geloofden dat uit het lichaam van Osiris graan groeide. Vele kruiden werden als heilig gezien, sommige door hun medicinale eigenschappen en andere omdat hun groeiwijze of vorm op een band met de goden of de mens wees (zo lijken de wortels van alruin op het menselijk lichaam).

Alruin
Aan alruinwortel met zijn menselijke vorm werden grote genezende krachten toegeschreven en daarom in veel toverdrankjes gebruikt (we weten nu dat er verschillende giftige en hallucinogene stoffen inzitten). In de Hebreeuwse traditie symboliseert alruin vruchtbaarheid en werd gegeten om de kans op bevruchting te vergroten.

De maretak
De maretak groeit in de takken van de mannelijke eikeboom en wordt daarom gezien als symbolisch voor het vrouwelijke. De maretak is geen boom en geen struik en omdat hij in de grond geen wortels heeft, werd er een speciale band met het goddelijke verondersteld en wees hij op de toestand die de aardse beperkingen te boven ging.

De roos
In het christendom kan de roos verwijzen naar de Maagd Maria of het bloed dat Jezus aan het kruis vergoten heeft. De roos staat voor geheimhouding (biechthokjes zijn vaak versierd met een roos met vijf bloemblaadjes). Voor vrijmetselaars zijn drie rozen een belangrijk symbool van licht, liefde en leven.

De guirlande (bloemenkrans)
De guirlande combineert de symboliek van bloem en ring en staat daarom voor geluk, heiligheid, vruchtbaarheid en initiatie, maar ook voor de ontmoeting van deze met de volgende wereld (een betekenis die we nog steeds aan de grafkrans geven).

BLOEMEN EN PLANTEN

Knoflook
Knoflook is, als zijn familielid de lelie, een symbool van de hogere wereld. Dit is ten dele te danken aan de associatie met bliksem (de geur zou lijken op de geur die vrijkomt bij een bliksemflits).

De lotus
De lotusbloem groeit in de modder van een vijver en verheft zich uit het water om haar schoonheid te tonen. De lotus staat daarom voor de ziel die zich boven de verwarring van de materie verheft en de helderheid van de verlichting koestert.

De tuin
De tuin is een symbool van de onder controle gebrachte natuur en de menselijke ziel, die net als de tuin moet worden verzorgd en onderhouden. De tuin is een symbool van het Paradijs en verblijfplaats van de heiligen. In India hebben tuinen soms de vorm van een mandala (zie blz. 60).

Kruiden
De symbolische betekenis van kruiden hangt samen met de specifieke kenmerken van het kruid. Zo staan wijnruit, rozemarijn en tijm voor berouw, herinnering en zuiverheid: wijnruit is zo bitter als berouw, de geur van rozemarijn is even duurzaam als de herinnering en van tijm dacht men dat het de smaak van bloed kon zuiveren.

Voedsel en drank

Voedsel heeft vele positieve bijklanken: vruchtbaarheid, overvloed en feestelijkheid, maar het meest wordt voedsel in verband gebracht met vrede en het beslechten van geschillen. Deze associatie is terug te voeren op de gedachte dat voedsel is geladen met een levenskracht, die mannen en vrouwen in contact brengt met de bron van de oerenergie en zo universele kameraadschap creëert. Bepaalde voedingsmiddelen, zoals die bereid van maïs, waren in deze context bijzonder symbolisch: in vele culturen werd het toebrengen van schade aan iemand met wie men het brood had gebroken als een overtreding van de natuurwet gezien.

Ook drank heeft grote symbolische mogelijkheden. Water, de oervloeistof, wijst op leven en zuiverheid, terwijl melk symbolisch is voor het koesterende mededogen van de aarde en het moederschap. Wijnen worden geassocieerd met bloed en offers: in de eucharistieviering symboliseert de vermenging van water met wijn de dualistische aard van Christus (tegelijk God en mens). Omdat wijn het bewustzijn kan beïnvloeden, wordt hij ook gezien als een symbool van de extatische eenwording met de goden.

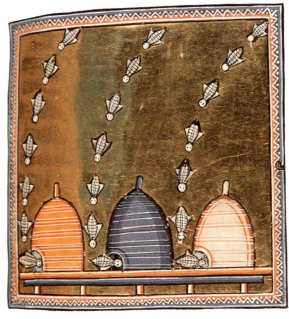

Honing
Samen met melk symboliseert honing de overvloed van het Beloofde Land van de joden. Honing staat ook voor onsterfelijkheid en vruchtbaarheid, aangezien hij zo lang goed blijft en de lusten kan stimuleren.

Korenaren
Een symbool van de vruchtbaarheid van de aarde en de verlichte geest. Korenaren worden gezien als kroost van de zon en de aarde. De Eleusische mysteriën (een reeks inwijdingen in de goddelijke wijsheid in het oude Griekenland) werden gesymboliseerd door korenaren.

Paddestoelen
De paddestoel is het Chinese symbool van geluk en hergeboorte en men geloofde dat hij het voedsel van de taoïstische onsterfelijken was. In de westerse folklore geldt de paddestoel als de verblijfplaats van elfen en kabouters en werden door hun fallische vorm geassocieerd met vruchtbaarheid en seksuele potentie.

De granaatappel
In het oude Griekenland was de granaatappel het symbool van Persephone en de terugkeer van het leven in de lente. Door zijn ontelbare zaadjes stond deze vrucht voor vruchtbaarheid en de eenheid in verscheidenheid van al het geschapene. In de Chinese traditie symboliseert de granaatappel de grenzeloze liefde van de Schepper.

VOEDSEL EN DRANK 107

Dionysus
Dionysus, de Griekse god van de wijn, blijmoedigheid en landbouw, staat voor de vereniging van hemel en aarde, spiritualiteit en zinnelijkheid. In één legende wordt Dionysus door de Titanen gedood en opgegeten, waarop Zeus hen verbrandde. Aan de mens nu de taak om Dionysus in de as terug te vinden, symbolisch voor het zoeken naar onze ware identiteit.

Het Laatste Avondmaal
Veel religieuze tradities kennen verhalen over god-koningen, die voor hun volk een rituele dood sterven. Het Laatste Avondmaal verheft dit offer tot een spirituele maaltijd. In de eucharistieviering wordt het Laatste Avondmaal herhaald en gelden brood en wijn als symbolen van lichaam en bloed van Christus (in de ogen van sommigen is er zelfs geen verschil).

De perzik
In China wordt de perzik geassocieerd met huwelijk, onsterfelijkheid en een lang leven. Shou-lao, de god van het lange leven, wordt vaak afgebeeld met of op een perzik van de boom in de tuin van het Paradijs, die een maal in de drieduizend jaar vruchten draagt.

De Gouden Appel
De Gouden Appel staat voor onenigheid, omdat de Gouden Appel die Paris in een schoonheidswedstrijd aan Aphrodite heeft gegeven, indirect tot de Trojaanse Oorlog heeft geleid. Freya, de Noorse godin van liefde en magie, schonk uit haar tuin afkomstige, onsterfelijk makende appels om de goden te verjongen.

De elementen

In de Oudheid geloofde men dat de elementen de onmisbare krachten waren die de wereld instandhielden. In het Westen onderscheidde men vier elementen: vuur, water, lucht en aarde. Voor de Chinezen was metaal een apart, vijfde element, terwijl men in India en Tibet geloofde dat een spiritueel element ('ether') de andere vier doordrong en bezielde. Het belang van de elementen als een ordenend principe in het universum komt in de symboliek van alle culturen terug. Alchemisten ontwikkelden met een driehoek een verkorte vorm om de elementen weer te geven (zie hieronder); vuur trekt altijd naar boven en werd daarom door een naar boven wijzende driehoek voorgesteld. De elementen werden als vitale aspecten van het menselijk lichaam gezien. Lichamelijke en psychische gezondheid waren een kwestie van het juiste evenwicht tussen de elementen vinden, zoals ook de natuur behoefte had aan evenwicht.

Het menselijk lichaam
Het (mannelijk) lichaam, samengesteld uit de vier elementen plus een onzichtbare spirituele dimensie, is het universele symbool van het leven in al zijn vormen, de band tussen hemel en aarde en de personificatie van de energie van de goden.

De luchtgeest
De onstoffelijke luchtgeesten zouden in nauw contact met het goddelijke staan.

De salamander
In westerse tradities wordt de salamander gezien als de geest en de hoeder van het vuur. Hij zou in een vulkaan wonen.

De watergeest
De watergeest, gewoonlijk voorgesteld als een sierlijke jonge vrouw, is tegelijkertijd betoverend en verraderlijk.

De aardgeest
De boosaardige aardgeest, door sommigen in verband gebracht met de onderwereld, moest met offers vreedzaam worden gestemd.

Lucht

Isis
Isis, de belangrijkste Egyptische godin die was begiftigd met geweldige magische krachten, is de goddelijke moeder en beschermster. Ze wordt vaak afgebeeld als een havik, de vorm die ze aannam om naar het in stukken gescheurde lichaam van haar broer Osiris te zoeken. Nadat ze het weer 'in elkaar gezet' had, gebruikte ze haar vleugels om hem met de levenskus weer tot leven te wekken.

Het zeilschip
Alle grote zeevarende beschavingen kenden goden of heiligen (bij voorbeeld in Griekenland Aeolus en in de christelijke wereld Sint-Nicolaas) die de winden beheersten en tot wie vóór een reis gebeden werd.

Prana
In veel oosterse filosofieën wordt ervan uitgegaan dat de vitale krachten van het lichaam in de lucht zitten. Deze fundamentele energie (gesymboliseerd door het hier getoonde tekentje) wordt in India *prana* genoemd, in China en Japan *Ki*. Deze energie circuleert door het lichaam door wat nu (acupunctuur-)meridianen worden genoemd en kan worden gecontroleerd door yoga-oefeningen, die de lichamelijke gezondheid verbeteren, paranormale gaven ontwikkelen en lichamelijke in spirituele energie vertalen.

Pegasus
Pegasus, het gevleugelde paard dat ontstond uit het bloed van Medusa nadat zij door Perseus was onthoofd, symboliseert behalve het verlangen van de mens zich in het luchtruim te bewegen ook de grillige aard van het element lucht. Dat Bellerophon (met het hoofdstel van Athena) Pegasus wist te temmen, laat zien dat de mens met steun van de goden de elementen kan bedwingen.

Vuur

De Feniks
De feniks, half adelaar, half fazant, komt in Middenamerikaanse, Aziatische en Europese mythen voor. De feniks steekt zich elke honderd jaar in brand om drie dagen later verjongd uit zijn as te herrijzen en is daarmee een symbool van wederopstanding, onsterfelijkheid en de onbreekbare geest van de mens.

Agni
Agni is een belangrijke oude Hindoe-god en wordt gewoonlijk afgebeeld gezeten op een ram (een symbool van zonneënergie) en met zeven tongen (het mystieke getal van de schepping). Traditioneel stemde men hem gunstig met offers van gesmolten boter die, geloofde men, hij met zijn zeven tongen oplikte.

Wierook
In het Oosten gelooft men dat wierook bescherming biedt tegen kwade geesten. Wierook wordt geassocieerd met zuiverheid en het opstijgen van de geest naar de hemel.

Rook
Voor de Noordamerikaanse Indianen symboliseerde rook vrede en de weg die men na de dood ging. Soms staat rook voor onwetendheid (belemmerd gezichtsvermogen).

Brandend schip als graf
In Scandinavië werd het lichaam van vikinghoofdmannen in een vikingschip gecremeerd. De opstijgende rook symboliseerde de terugkeer van de geest naar de zon, de bron van het leven.

Prometheus
In de Griekse mythe stal Prometheus het vuur (een symbool van de wijsheid die de goden van de mens onderscheidt) van de goden, verborg het in een holle staf en nam het mee naar de aarde. Prometheus symboliseert daarom de moed die nodig is om het gebod der goden te trotseren.

De lantaarn
In het Oosten geloofde men dat de schaduwen van een verlichte, versierde lantaarn een zelfstandig bestaan leidden. Lantaarns werden daarom gebruikt om bij plechtigheden en feesten gunstige symbolen te projecteren.

Rotje
In China gelooft men dat rotjes geluk brengen en demonen afschrikken. Ze worden als eerbetoon aan de goden van de gezondheid, de voorspoed en een lang leven in groepjes van drie afgestoken.

Water

Rivieren
Rivieren zijn de bron van het leven en waren in vroeger tijden de communicatiewegen. Ze vertegenwoordigen de grenzen tussen landen of leven en dood. In het hindoeïsme staan rivieren voor zuivering (de Ganges kan alle gebreken wegspoelen). Ze kunnen ook het verstrijken van de tijd aangeven.

Stoom
Opstijgend water in de vorm van stoom symboliseert de transformatie van het materiële in het spirituele. Noordamerikaanse Indianen geloofden dat stoom de zuiverende kracht van zowel vuur als water bevatte. Dat vormt het uitgangspunt voor de Stoombadplechtigheid, bedoeld om lichaam, intellect en geest opnieuw te bezielen en te zuiveren.

Beken
Beken hebben ten dele dezelfde betekenis als rivieren, maar omdat ze dichter bij de creatieve bron staan symboliseren ze het leven en de 'bewustzijnsstroom' waarin de mens leeft. Aan de voet van de Levensboom in het Paradijs zouden vier stromen ontspringen, die de levenskracht naar de vier windstreken van de aarde voeren.

Bronnen
Een kenmerk van water is dat het naar de aarde stroomt. Als het uit de aarde opwelt, wordt dat gewoonlijk gezien als een heilige gave van de baarmoeder van Moeder Aarde zelf. In de islamitische traditie kunnen waterbronnen het Paradijs symboliseren. Een waterbron wordt traditioneel als vrouwelijk gezien en van veel bronnen denkt men dat ze geneeskrachtig zijn of wensen kunnen verhoren.

Boten en vlotten
De boot of het vlot staat voor een veilige oversteek naar de andere oever. Voor de zuiveren van hart is water geen gevaar. Christus liep over water en in veel culturen bestaan legenden over heilige mannen en vrouwen, die volkomen veilig op de meest onwaarschijnlijke vlotten gevaren hebben. De heilige Patricius (Patrick), beschermheilige van Ierland, zou een stenen vlot hebben gebruikt en Bodhidharma (boven), die het Zenboeddhisme naar China heeft gebracht, is de Yangtse op een holle rietstengel overgestoken.

IJs en sneeuw
IJs symboliseert steriliteit, koud- en starheid van zowel mensen als in de natuur. Het smelten van ijs kondigt de terugkeer van het leven aan. Sneeuw heeft deze symbolische betekenis tot op zekere hoogte, maar sneeuw is zacht en mooi en staat daarom ook voor sluimerende waarheid en verborgen wijsheid.

Wolken en mist
Wolken symboliseren geheimzinnigheid en het heilige: in vele culturen worden de goden voorgesteld gehuld in een wolk. Chinezen geloofden dat wolken ontstonden uit de versmelting van yin en yang (zie blz. 129) en daarom vrede symboliseerden. Als de Britse eilanden in mist gehuld waren wees dat voor de Romeinen op het magische land en het eind van de wereld.

Regen
Regen, een zegening die leven mogelijk maakt, is altijd symbolisch geweest voor goddelijke gunsten en openbaringen. De toorn van de goden of het verlangen om de aarde van verdorvenheid te zuiveren kan echter een zondvloed veroorzaken, waarbij de onschuldigen onder de schuldigen moeten lijden.

Poseidon
Poseidon (Neptunus bij de Romeinen), de broer van Zeus, symboliseerde oorspronkelijk de kosmische kracht die de zee bevruchtte en wordt daarom altijd afgebeeld met een drietand (drie is het cijfer van de schepping). Later werd hij een symbool voor de kracht van de zee en zou zeelieden een veilige reis garanderen of juist onthouden. Poseidon was een agressieve god, die verantwoordelijk werd gesteld voor aardbevingen.

Aarde

De vulkaan
Voor mensen die in de buurt van een vulkaan wonen, is hij een uiting van de vernietigende kracht van de aarde. De Perzen associeerden vulkanen met Ariman, de destructieve kracht in het universum, die in het middelpunt van de aarde gekluisterd de dag des oordeels afwachtte. In de Griekse mythologie wees vulkanische activiteit erop dat de smidgod Hephestus in zijn werkplaats bezig was.

De pagode
De Japanse pagode, waarschijnlijk een variant van de boeddhistische stoepa (zie blz. 59), heeft altijd zeven verdiepingen en symboliseert het opklimmen naar de hemel in zeven etappen. Pagodes staan voor de Berg Meroe, de as van de wereld in het centrum van het universum.

De vallei
De vallei is een beschermend, vrouwelijk symbool dat in verband werd gebracht met vruchtbaarheid, landbouw en water. In Chinese en christelijke tradities wordt een vallei geassocieerd met duisternis en het onbekende.

De berg
Als punt waar hemel en aarde elkaar raken symboliseren bergen mannelijkheid, eeuwigheid en het opklimmen van dierlijkheid naar spiritualiteit. Bergtoppen worden traditioneel gezien als de verblijfplaats van weergoden.

De grot
Een grot is een vrouwelijk symbool met uiteenlopende betekenissen. Zij kan staan voor het centrum van de wereld, het onbewuste, de toegang tot de onderwereld, initiatie of esoterische wijsheid.

De regenboog

Lang geleden geloofde men dat alle hemelverschijnselen tekenen van goddelijke activiteit waren en daarom zag men in een regenboog na een zware storm de aanwezigheid van een goedaardige god. Omdat de regenboog de kloof tussen hemel en aarde leek te overbruggen, werd hij een symbool van goddelijke communicatie. De Inca's associeerden de regenboog met hun zonnegod, terwijl hij in het oude Griekenland werd voorgesteld door de gevleugelde godin Iris, die de boodschappen van de goden op de berg Olympus naar de sterfelijken beneden bracht. Haar goedheid was voor de goden (aan wie ze ambrozijn en nectar gaf) maar ook voor de sterfelijke zielen (het was Iris die de Winden overtuigde het vuur onder de brandstapel voor de held Patroclus, in de Trojaanse Oorlog verdwenen, aan te wakkeren). In de christelijke wereld symboliseert de regenboog de vergevingsgezindheid van God en Zijn afspraak met de mens, omdat de regenboog zichtbaar was toen Noachs ark na de zondvloed op droog land kwam te liggen (zie blz. 24). Deze positieve associaties van de regenboog kent de Europese folklore ook, want op de plaats waar de regenboog de aarde raakt, ligt een goudschat voor het oprapen.

In mythen van uiteenlopende culturen wordt de regenboog voorgesteld als de metafysische brug tussen deze wereld en die van de goden. Zo wordt bij voorbeeld verteld dat de Noorse goden een regenboogbrug, Bifrost, tussen hun verblijfplaats Asgard en de aarde hebben gebouwd. In de Chinese traditie is de regenboog een symbool van de hemeldraak, de vereniging van hemel en aarde.

Het regenbooglichaam
In de Hindoe- en tantristische traditie wordt het regenbooglichaam gezien als het hoogst bereikbare meditatieniveau. De vier elementen waaruit het lichaam bestaat vallen symbolisch uiteen in het licht van de regenboog en daarmee wordt aangetoond dat het aardse leven geen substantie heeft.

De regenboog
In sommige Afrikaanse samenlevingen wordt de regenboog gelijkgesteld aan de luchtslang, een positief symbool van de energie die tussen hemel en aarde circuleert. Koningen en priesters van Bantoe-volkeren in het gebied tussen Nijl en Sahara rechtvaardigden hun hoge positie in de maatschappij door mythen te bedenken waaruit duidelijk werd dat ze van regenbogen afstamden.

Donder en bliksem

Donder en bliksem werden ooit vrijwel overal gezien als manifestaties van de goden en gewoonlijk als een uiting van goddelijke toorn. De Chinese godin Tien Moe was de belichaming van de bliksem en het was haar taak mensen die kwaad deden in het licht te zetten, zodat ze door de dondergod Lei Koeng geveld konden worden. Noordamerikaanse Indianen schreven donder en bliksem toe aan de universele geest, de Bliksemschicht, en in de Europese folklore werd de donder opgevat als het geluid van de enorme ballen die door de hemelen rolden als de goden aan het sporten waren. Toen in de Griekse mythe Semele aan Zeus vroeg zonder vermomming bij haar te komen, verscheen hij als een lichtflits en werd zij verteerd door het vuur. Soortgelijke symboliek zien we ook in de joods-christelijke opvatting: donder en bliksem wezen op de directe aanwezigheid van God. Deze verschijnselen werden echter niet altijd met assertieve goden geassocieerd: in vochtige streken werden ze, althans als het ook regende, gezien als tekenen van vruchtbaarheid en vitaliteit.

Bliksem
Bliksem is altijd geassocieerd met intuïtie en inspiratie. In de sjamanistische traditie betekende getroffen worden door de bliksem dat men was ingewijd, terwijl iemand die door de bliksem werd gedood rechtstreeks naar de hemel ging. In het Westen geloven sommige mensen dat als men door de bliksem wordt getroffen sluimerende paranormale gaven ontwaken.

Thor
De Noorse god van de donder deed de hemel rommelen als hij in zijn wagen rondreed en met zijn hamer tekeerging om de donderknallen te produceren. Van een symbolische hamer wordt gedacht dat hij een huis tegen vuur beschermt.

De 'Dorjee'
Dit is de bliksemschichtscepter van Tibetaanse boeddhisten, die bij rituele en magische plechtigheden werd gebruikt. De scepter staat voor mannelijke energie; de twee 'bollen' aan de uiteinden symboliseren het contact tussen hemel en aarde.

Het masker van de sjamaan
Sjamanen kleedden zich vaak in dierevellen om hun krachten te vergroten, maar worden ook afgebeeld in de zigzagvorm van de bliksemflits, symbolisch voor hun vermogen de brug tussen beide werelden over te steken.

Dag en nacht

In christelijke, boeddhistische en islamitische culturen is licht een aspect van goden en koningen en wordt de dag geassocieerd met goddelijke activiteit en creatie, zoals de 'zeven dagen' waarin God de wereld schiep en de 'dag van Brahma', de lange cyclus van manifestaties van de Hindoe-Scheppingsgod. In het hindoeïsme wordt gedacht dat dag (symbolisch voor geest) en nacht (symbolisch voor materie) worden veroorzaakt door het opengaan en sluiten van Shiva's ogen. In Europa staat de dag over het algemeen voor het leven, de nacht voor de dood en de dageraad voor wederopstanding en vreugde. Een aantal denkers in de renaissance zag nacht en dag als facetten van hetzelfde proces – het onhoudbaar voortschrijden van de tijd. In deze traditie hebben dag en nacht ook de negatieve associaties van veroudering, verval en dood gekregen; dag en nacht werden soms voorgesteld als een witte en zwarte rat.

De nacht was de tijd waarin de geesten van de doden over de aarde zwermden en de 'krachten van de duisternis' (waaronder Satan, de prins van de duisternis) elders verbleven. In het christelijke Europa waren aanhangers van 'heidense' religies gedwongen hun rituelen in het geheim 's nachts uit te voeren om aan vervolging te ontkomen. Dit versterkte het negatieve beeld van de nacht. Pas in de 17de eeuw ontstond de gedachte dat men 's nachts eerder ziekten opliep. Men begon algemeen te geloven dat mannen en vrouwen 's nachts in weerwolven en vampiers konden veranderen. Maar de nacht was niet overal negatief, hij kon ook een symbool zijn van rust na een dag zwoegen en van de baarmoeder van Moeder Natuur, die zich opende om na zonsondergang haar kinderen weer op te nemen. In de Griekse mythe was de godin Nyx de personificatie van de nacht. Ze wordt vaak afgebeeld in een zwart gewaad en met een met sterren bezaaide sluier. Ze was verantwoordelijk voor de slaap, dromen en seksueel genot, maar haar negatieve eigenschappen werden zelfs door de goden gevreesd – ze was namelijk de moeder van Moros (verdoemenis), Thanatos (dood) en Hypnos (slaap).

De slaap
In veel culturen wordt de slaap gezien als een periode waarin de ziel het lichaam verlaat en naar andere werkelijkheidsniveaus reist en herinneringen daaraan mee terugneemt in de vorm van dromen. Voor Tibetanen is de slaap een repetitie voor de dood.

De vlammende ketel
In de leer van Zarathoestra wordt de vlammende ketel beschouwd als symbool van Ahoera Mazda, de brenger van het licht, die in een voortdurende strijd is verwikkeld met Ariman, de schepper van het kwaad en de nacht.

De verzorgster van de goden
In Griekenland en Mesopotamië symboliseerde de verzorgster van de goden zowel het begin als het einde der tijden. De twee kinderen die ze in haar armen wiegt, zijn symbolisch voor de band tussen slaap (wit) en dood (zwart).

Sieraden en kostbare metalen

Decoratieve en duurzame sieraden en kostbare metalen zijn eeuwenlang als talisman en amulet gebruikt en hebben een groot aantal symbolische betekenissen gekregen. Zo is alchemie gericht op het vinden van de Steen der wijzen, waarmee gewone metalen in goud kunnen worden veranderd (zie blz. 146-151); in de astrologie wordt ieder dierenriemteken geassocieerd met een geboortesteen, die de eigenschappen van het teken symboliseert.

Een schat van goud en sieraden, verborgen in een grot en bewaakt door een draak of slang, wordt meestal gezien als spirituele wijsheid die in het onbewuste begraven ligt. In veel religies staat een siersteen voor een bepaalde godheid of heilige: in het christendom verwijst kwarts bij voorbeeld naar de Maagd Maria. Geslepen sierstenen staan voor de verheffing van de ziel, nadat het verontreinigde lichaam is losgelaten; de glinsterende facetten symboliseren de weerspiegeling van het goddelijke licht door de ziel. Maar sierstenen kunnen ook negatieve associaties hebben. In de christelijke mythe ontstonden ze toen Lucifer de hemel moest verlaten en zijn engelenglans in miljoenen fonkelende deeltjes uiteenviel – symbolisch voor het inherente kwaad van materiële bezittingen.

Goud en sieraden kunnen ook verwijzen naar de listen van de tovenaar. In sprookjes dienen goud en robijnen om 's nachts sterfelijke zielen van huis en haard weg te lokken; zielig voor de slachtoffers, maar in het koele daglicht blijkt de schat te bestaan uit de dode bladeren van de menselijke ijdelheid. De tweeslachtige symbolische betekenis van sierstenen blijkt duidelijk uit de oosterse opvatting dat sieraden zijn gemaakt van het speeksel van slangen: zowel van vergif als van spirituele wijsheid.

In veel oosterse en westerse opvattingen werden goud en zilver gezien als de versterking van de krachten van de zon en de maan. Net als de zon wordt goud nooit aangetast, terwijl zilver, evenals het oppervlak van de maan, onregelmatigheden vertoont.

Lapis lazuli
Lapis lazuli wordt in het bijzonder gewaardeerd als teken van goddelijke gunsten, succes en talent en tevens geassocieerd met liefde en mededogen. Voor Chinezen symboliseerde deze steen visie en het vermogen oogkwalen te genezen. In de oude beschavingen van Mesopotamië was lapis lazuli een symbool van het firmament en werd gebruikt als versiering in de plafonds van tempels.

Agaat
Een symbool van werelds succes en geluk. Wie agaat draagt, ontmoet sympathie. Zwarte agaat staat voor moed, voorspoed en kracht – rode agaat voor gezondheid, een lang leven en spiritualiteit.

SIERADEN EN KOSTBARE METALEN

Parel
De matte schittering van de parel roept associaties op met de maan en het vrouwelijke. Een parel groeit in een oester en roept daarom ook associaties op met verborgen kennis en esoterische wijsheid. Parels symboliseren bovendien geduld, zuiverheid en vrede, en dank zij hun doorzichtigheid staan ze tevens voor tranen van verdriet of vreugde.

Goud en zilver
Goud, aanbeden omdat het niet vergaat, is een vrijwel universeel symbool van de zon, goddelijke verlichting, zuiverheid, mannelijkheid, onsterfelijkheid en wijsheid. In het oude Egypte vertegenwoordigde goud de tastbare aanwezigheid van goden in de stoffelijke wereld. De Azteken beschouwden goud als de uitwerpselen van de zonnegod en de Chinese taoïsten zagen het als de essentie van de hemel. Zilver, een vrouwelijk symbool dat met de maan samenhangt, staat voor maagdelijkheid en welsprekendheid. Glimmend gepoetst zilver staat voor de ziel die van zonden is gezuiverd. Nagenoeg alleen in het christendom heeft zilver een dubbele betekenis, want zilverstukken staan immers voor het verraad van Christus.

Jade
Voor Chinezen is jade de allerkostbaarste steen en een symbool van de perfectie, onsterfelijkheid en magische krachten van de keizer; de hemel werd vaak afgebeeld als een doorboorde schijf van jade. Aan iedere kleur jade werden magische krachten toegeschreven, maar appelgroen werd het hoogst gewaardeerd, omdat die kleur jade, dacht men, de drager het vermogen tot levitatie (opstijgen en zweven) kon schenken.

Robijn
Deze siersteen symboliseert koninklijkheid, macht en passie. Door de dieprode kleur wordt de robijn geassocieerd met de planeet Mars. Sommigen hebben in de robijn een kuur voor geesteszieken gezien.

Smaragd
Een symbool van vruchtbaarheid en regen (door de groene kleur). De smaragd werd door alchemisten geassocieerd met wijsheid en door christenen met geloof. In de astrologie wordt de smaragd gekoppeld aan de planeet Jupiter.

Diamant
Diamant, de hardste steen, wordt geassocieerd met duurzaamheid en onaantastbaarheid. Diamant staat voor de zon en het licht, en in enkele vroeg-christelijke teksten symboliseert diamant Christus.

Saffier
De saffier symboliseert het blauw van de hemel en de hemelse deugden: waarheid, contemplatie en kuisheid. Alchemisten geloofden dat saffier een medicijn was tegen beten van giftige dieren.

Zon, maan en sterren

Voor oudere volkeren was de hemel een scherm waarop men zijn diepste speculaties en spirituele behoeften projecteerde. Als voornaamste bron van licht en warmte maakt de zon samen met de regen het leven mogelijk. De actieve, creatieve energie van de zon werd gezien als een mannelijke eigenschap en door haar hoge positie in de lucht en de helderheid van haar licht werd gedacht dat de zon alles zag, waardoor zij in een aantal beschavingen als een (meestal mannelijke) god werd aanbeden. Voor de Inca's was de zon een goddelijke voorouder, wier tempels overdadig waren versierd met goud, de kleur waarmee de zon werd geassocieerd. Zelfs in het christendom werd de zon als een waardig symbool van God gezien, wat te danken was aan de neutraliteit waarmee zij alle – goede en slechte – mensen in haar gaven liet delen. Voor Hindoes symboliseert de zon het hogere zelf van de mens en in de *Oepanishads* (heilige Hindoe-teksten) staat dat de ziel na de dood via de zonnestralen naar de zon opstijgt, 'de deur naar de wereld, een ingang voor degene die weet, een obstakel voor de onwetende.'

De maan wordt over het algemeen als vrouwelijk gezien, wat ten dele is te verklaren door het verband tussen de maanmaand en de menstruatiecyclus. De grillige maan verandert voortdurend van vorm en positie, maar symboliseert tegelijkertijd wederopstanding, onsterfelijkheid en de cyclische aard van alles wat is. De maan staat voor de macht van de duistere, geheimzinnige kant van de natuur en de maangodin werd vrijwel universeel verantwoordelijk gehouden voor 's mensens lot, zoals zij ook de getijden, het weer en de seizoenen beheerste.

Terwijl de zon en de maan de belangrijkste goden vertegenwoordigden, stonden de sterren voor de mindere die een geringere invloed op de mens uitoefenden. De maan wordt als koningin van de hemel vaak afgebeeld met een kroon van sterren – een teken van de gehoorzaamheid die de andere natuurkrachten haar betoonden.

De boeddhistische parasol
De zon heeft een wilde, destructieve kant, die het land kan verschroeien en gewassen en de mens kan vernietigen. In het boeddhisme werden hoogwaardigheidsbekleders door een parasol tegen de zon beschermd, waarmee de parasol een symbool werd van de vorstelijkheid van boeddha's en bodhisattva's. De parasol werd ook een symbool van de zon (de baleinen de stralen, de schacht de wereldas) en van bescherming tegen kwaad.

De gevleugelde zonneschijf
De gevleugelde zonneschijf symboliseert de majesteit van de Egyptische zonnegod Ra, die niet alleen de zon regeerde maar ook de hemelen. Ra werd beschouwd als de schepper van de wereld en aanbeden door de farao's, die zich als zijn zoon zagen. Ra verbleef in de oude stad Heliopolis en werd daar aanbeden in de vorm van een obelisk, die een versteende zonnestraal zou zijn.

De Ploeg
De eerste sterrenkundigen probeerden in de ogenschijnlijke groeperingen van sterren een betekenis te zien – de groepen vormden mensen, goden en voorwerpen. Het uiteenvallen van de oereenheid van het bestaan in de verscheidenheid van de schepping werd toegeschreven aan de energie van de sterrengroep die de Ploeg werd genoemd.

ZON, MAAN EN STERREN 121

Het ochtendgloren
Hoewel de zon mannelijke eigenschappen heeft, wordt zonsopgang gewoonlijk als vrouwelijk gezien: in de Griekse mythe werd de dageraad gepersonifieerd door Eos (Aurora), zuster van de zonnegod Helios en de maangodin Selene, vaak afgebeeld uit zee oprijzend of rijdend in een door paarden getrokken wagen door de lucht. In het boeddhisme symboliseert de dageraad het heldere licht van de leegte (de ultieme werkelijkheid) dat op het ogenblik van sterven wordt waargenomen en, indien gevolgd, naar het nirvana (de ultieme zegening) leidt. In de meeste culturen is de opkomende zon een symbool van hoop en een nieuw begin.

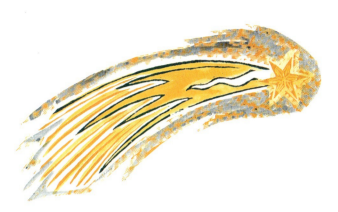

De komeet
Kometen hebben gewoonlijk een negatieve bijklank. Ze werden gezien als uitingen van de toorn der goden of brengers van ongeluk, oorlog en pest. Kometen waren destructieve krachten, die de harmonie van de natuur verstoorden.

De volle maan
De volle maan vertoont vlekken die een teken zijn van het verval van alle cyclische dingen. De volle maan weerspiegelt ook de symbolische betekenissen van de cirkel: compleetheid, voltooiing en prestatie.

De wassende maan
De wassende maan symboliseert creativiteit, regeneratie, vrouwelijke vruchtbaarheid en zwangerschap. In Europese culturen werd geloofd dat planten tijdens de wassende maan een gunstig effect had op het ontkiemen van de zaden.

De tanende maan
Een symbool van het opstijgen uit de onderwereld (de drie maanloze nachten). De halve maan is een kenmerk van Isis, de Grote Moeder van de Egyptenaren, en in de christelijke symboliek van de Maagd Maria.

Menselijke en spirituele symbolen

In de meeste esoterische tradities zijn materie en geest tegengestelden die alleen in de mens samenkomen. De menselijke geest wordt gezien als een deel van de universele energie of het goddelijke principe en staat voor de speciale relatie van de mens met God en onderscheidt de mens van het dier. In verschillende culturen wordt de exacte relatie tussen het menselijke lichaam en de menselijke geest op uiteenlopende wijzen gezien en de manier waarop deze opposities verzoend kunnen worden, wordt in elk aspect van het leven weerspiegeld.

De traditionele christelijke theologie benadrukt de splitsing tussen spiritualiteit en lichamelijkheid: het lichaam is niet meer dan een voertuig voor de ziel (de geest), die de 'ware' mens vertegenwoordigt. De ziel is een onsterfelijk geschenk van God, die tijdelijk, voor de duur van het leven, gezelschap krijgt van het lichaam.

Daarentegen wordt in oosterse en occulte systemen de wisselwerking tussen lichaam en geest benadrukt. De tegenstelling wordt overbrugd door een aantal overgangsfasen (of energieniveaus): naar deze tussenniveaus wordt in Hindoe-geschriften als de *Bhagavadgita* verwezen en ze corresponderen met de *sefira* van de kabbalistische Levensboom (zie blz. 153). Op deze niveaus manifesteert de mensheid zich en de essentie van de mens – de ziel – is een produkt van zowel materie als geest. Het is derhalve niet zo vreemd dat in oosterse tradities bepaalde delen van het lichaam een specifieke spirituele betekenis hebben gekregen. Bepaalde stromingen binnen het hindoeïsme en boeddhisme onderscheiden chakra's (energiecentra, zie blz. 182) in het lichaam: punten waar spirituele en lichamelijke energie samenkomen. Chinese accupuncturisten kunnen de levenskracht (*Ki* of *Ch'i*) manipuleren. *Ki* zou langs specifieke wegen (meridianen) door het lichaam stromen en is op bepaalde punten met naalden of druk te beïnvloeden. De nadruk op een fysieke voorbereiding bij het streven naar spirituele doeleinden zien we ook terug in yoga, een Indiase filosofie.

Vele symbolen in verband met het lichaam kennen we zowel uit het Oosten als uit het Westen. De gedachte bij voorbeeld dat de mens naar Gods evenbeeld is geschapen, blijkt ook uit afbeeldingen van de mens als microkosmos en in het ontwerp van christelijke kerken en Hindoe-tempels die beide, op hun onderscheiden manier, de vorm van het menselijk lichaam reflecteren (zie blz. 76).

De schelp
Deze schelp doet denken aan de vorm van de schaamspleet en symboliseert daarom het vrouwelijke principe, seksuele passie, huwelijk en vruchtbaarheid.

MENSELIJKE EN SPIRITUELE SYMBOLEN 123

De schepping
De laatste fase van de schepping, de creatie van de mens, was een populair thema in de middeleeuwse kunst. Scheppingsmythen zijn mogelijk de belangrijkste mythen in alle culturen, aangezien ze ingaan op de relatie van de mens met de goden en de kosmos en daarmee het fundament vormen van alle daarna ontwikkelde mythen en opvattingen.

Seksualiteit en vruchtbaarheid

In vroeger tijden was seksualiteit niet alleen een lichamelijk verschijnsel, een bron van genot en een wijze van voortplanting. De versmelting van mannelijke en vrouwelijke energie was symbolisch voor alle scheppende activiteiten, waaronder de bemesting van het land, en zelfs voor de Schepping. De kosmologie van de Indiase tantraleer (zie blz. 180) was gebaseerd op de vereniging van het mannelijke beginsel (Shiva, vaak voorgesteld door de lingam) en het vrouwelijke (Shakti, gesymboliseerd door de yoni of vulva). Door deze eenwording in de geslachtsgemeenschap kan men een toestand van extatische verlichting bereiken.

Expliciete seksuele symbolen treffen we ook aan in kunst en mythen van Europese beschavingen van voor onze jaartelling, hoewel ze daar meer met vruchtbaarheid of schunnigheid hebben te maken dan met spirituele verlichting. In het oude Griekenland werd Priapus, de god van vruchtbaarheid en seksuele potentie, voorgesteld als een karikatuur van een man met een reusachtige fallus; ter ere van hem werden anussen, symbolen van wellustigheid, geofferd. Zijn vrouwelijke tegenhanger, Baubo, die volgens de Griekse mythen een dienstmeid van godin Demeter was, werd even grotesk uitgebeeld: boven op een uitvergrote vulva. Ze was een enigszins vermakelijke figuur en werd soms afgebeeld terwijl ze wijdbeens op een varken zat. In de Keltische wereld werden mannelijke godheden gewoonlijk afgebeeld met een grote fallus of, ter onderstreping van hun mannelijkheid en vermogen tot bevruchten, met drie fallussen.

De natuur is een rijke bron voor vruchtbaarheidssymbolen: vruchtbare dieren als konijn, kikker, schildpad en sprinkhaan stonden voor regeneratie. Het ei, een potentiële bron van nieuw leven en symbolisch voor de testikels, staat voor de continuïteit van het leven. In de christelijke traditie wordt het ei geassocieerd met Pasen, de periode van hernieuwde groei en de wederopstanding van Christus. In Japanse, Indiase, Polynesische en Scandinavische mythen wordt zelfs verhaald dat de wereld uit een oerei is voortgekomen.

De maïspop
De maïspop, gemaakt van maïsstengels en aren, werd door vrouwen die zwanger wilden worden als vruchtbaarheidsamulet gebruikt.

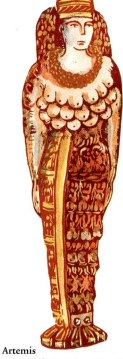

Artemis
Artemis (de Romeinse Diana) was de godin van de aarde, natuur, vruchtbaarheid en geboorte. Ze was symbolisch voor de natuur in al haar aspecten, zowel vriendelijk als wreed.

De hoorn des overvloeds
De hoorn des overvloeds symboliseert de eenwording van man en vrouw, omdat hij zowel hol is als de vorm van een fallus heeft. In de Griekse mythe behoorde de hoorn des overvloeds aan Amalthea (een nimf die de gedaante van een geit aannam), die voor de zuigeling Zeus zorgde.

SEKSUALITEIT EN VRUCHTBAARHEID 125

De meipaal
In vele culturen, van Europese tot indiaanse, was het dansen rondom een versierde paal een onderdeel van de in de lente plaatsvindende vruchtbaarheidsrituelen – de paal is een onmiskenbaar fallisch symbool van het jaarlijks ontwaken van de natuur. Op een dieper niveau symboliseerde de meipaal de wereldas – een pilaar die de hemel ondersteunde en toegang gaf tot de wereld der goden.

De bruidstaart
Bruiloftsfeest en bruidstaart symboliseren de (door de Freudiaanse psychologie benadrukte) band tussen voedsel en seksualiteit. Ze staan beide ook voor het 'vredesverdrag' (het breken van het brood) tussen de twee families, die door het huwelijk aan elkaar worden gekoppeld.

De lingam
Een symbool van creatieve, mannelijke energie, zoals belichaamd door de Hindoe-god Shiva. Een lingam staat voor wedergeboorte en, in combinatie met een yoni (een vaginasymbool, gewoonlijk vormgegeven als een ring onder aan de lingam) voor de versmelting van de twee seksen.

De fallische reus
In een groot deel van Europa en ook op eilanden in de Stille Zuidzee zijn beelden van reuzen en natuurgeesten met een opgerichte penis in hout en steen en zelfs in heuvelhellingen uitgehakt. Het zijn vruchtbaarheidssymbolen, die verwijzen naar de creatieve, mannelijke kracht achter het universum.

Lichaam, jeugd en ouderdom

Voor Jaques uit *As You Like It* van Shakespeare bestond het leven van de mens uit zeven perioden: hulpeloosheid ('de zuigeling die kotst en krijst in de armen van zijn verzorgster'), onderdrukking ('de grienende schooljongen'), dwaasheid ('de minnaar die zucht als een blaasbalg'), valse trots ('streven naar de reputatie van een luchtbel'), zelfvoldaanheid ('rechtvaardigheid is een goed doorvoede buik'), incompetentie ('de armzalige hansworst op pantoffels') en verval en sterfte ('tweede kinderachtigheid en absolute vergeetachtigheid'). In de meeste culturen verdeelt men de levenstijdperken van de mens minder cynisch in drie perioden: kindertijd en adolescentie, volwassenheid en ouderdom.

De speelsheid van de kindertijd wordt in het hindoeïsme gesymboliseerd door Krishna die plezier maakt met de melkmeisjes, in het christendom door het jongetje Jezus dat de geleerden in de tempel vragen stelt, en in het oude Egypte door de peuter Horus die in de gedaante van de god Harpocrates, god van de stilte, luistert naar de stem van het universum. De verworvenheden en plichten van de volwassene worden belichaamd door Sint-Joris en Christus, en in de Griekse mythologie door Theseus die de Minotaurus doodde en daardoor voorkwam dat jonge levens zouden worden geofferd. De wijsheid van de ouderdom komt symbolisch tot uiting in de Griekse god Saturnus die in de Gouden Tijd over het universum heerste, en in christelijke beelden van God als een oude man. In de meeste oosterse tradities worden jeugd en ouderdom opgevat als twee complementaire aspecten – onschuld en wijsheid – van één werkelijkheid.

In vele culturen is het menselijk lichaam een symbool van de inwonende ziel. In het oude Egypte werden lichamen gemummificeerd zodat de ziel ze kon gebruiken om in contact met de wereld der vormen te komen. Boeddhisten, Hindoes en christenen vereren de lichamelijke overblijfselen van overleden heiligen. Als (Noordamerikaanse) indiaanse en Siberische sjamanen aan hun innerlijke inwijdingsreis beginnen, worden hen symbolisch de ledematen afgerukt, zodat ze volledig hernieuwd kunnen terugkeren. Maar het lichaam is symbolisch ambivalent. Het is heilig maar ook profaan, want het kent de lusten van het beest. In het Westen en Midden-Oosten is met name het vrouwelijke lichaam een symbool van verdorvenheid, omdat het de zuiveren en sterken van hun doel kan afleiden, en de figuur van de verleidster komt dan ook in talloze mythen voor, van de sirenes uit het oude Griekenland tot de Germaanse Lorelei (watergeesten die door hun gezang mannen naar hun dood voerden).

Kleren en versiering
Naaktheid symboliseert onschuld en vrijheid van wereldse smet, kleren zijn echter dubbelzinniger. Een mantel wijst op geheimhouding en magische vermogens, verfijnde kleding wordt geassocieerd met gezag en voorrechten, maar ook met dwaasheid en trots. Het laatste zien we in deze 18de-eeuwse houtsnede, waarop ijdelheid en wereldsheid worden uitgebeeld.

LICHAAM, JEUGD EN OUDERDOM

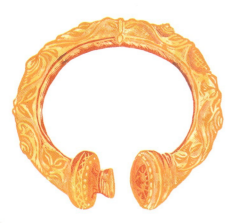

Sieraden
Het dragen van sieraden kan worden opgevat als een poging het handwerk van God te verbeteren en heeft negatieve connotaties. Ieder juweel heeft echter een unieke, gewoonlijk positieve betekenis (zie blz. 118).

Een medaillon met haar
Haar (dat na overlijden nog kort doorgroeit) symboliseert iemands levenskracht en sterke kanten: een haar van een beminde in een medaillon bij je dragen is een sterke uiting van trouw aan zijn/haar nagedachtenis.

Het oordeel van Paris
Op de bruiloft van de Griekse godin Thetis wierp Eris, godin van de twist, de gouden (twist)appel met het opschrift 'voor de schoonste' naar de gasten. De godinnen Hera, Athene en Aphrodite eisten allen de prijs op en Zeus benoemde Paris, zoon van de Trojaanse koning Priamus, tot scheidsrechter in deze schoonheidswedstrijd. Paris koos Aphrodite, die hem als beloning de mooiste vrouw ter wereld beloofde en zij beschreef hem Helena, de vrouw van de koning van Sparta. Paris schaakte Helena en nam haar mee naar Troje, wat leidde tot de Trojaanse Oorlog waarin hij sneuvelde. De moraal van dit verhaal is dat lichamelijke schoonheid verlokkelijk is maar uiteindelijk kan vernietigen.

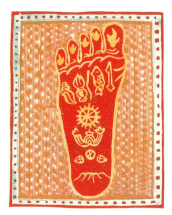

De hand
De rechterhand wordt gewoonlijk geassocieerd met rechtschapenheid en de linker- met dwalingen. Handgebaren hebben specifieke betekenissen. Het opsteken van de duim was oorspronkelijk een teken van viriliteit. Hindoes en boeddhisten maken in ritueel en dans gebruik van meer dan vijfhonderd handgebaren of *moedra's*.

De voet en voetafdruk
Voeten staan voor stabiliteit en vrijheid. Men geloofde dat ze energie uit de grond konden aantrekken. Inkepingen in rotsen werden gezien als de voetafdrukken van de goden. Boeddha's voetafdruk (boven) heeft goddelijke eigenschappen: door in zijn voetsporen te treden kan de mens verlicht worden.

Het hart
He hart is het grote symbool van oprechtheid, liefde en mededogen, en ook voor de kern van iets. Doorboord met een pijl en voorzien van een kruis of gekroond met doornen is het hart een symbool van heiligen, terwijl een hart met vleugels of een hart op een naakte borst voor Christus staat.

Het geraamte
Het geraamte staat gewoonlijk voor sterfelijkheid en de ijdelheid van de menselijke verlangens, maar ook voor het ascetisch afzien van materiële gemakken. In de alchemistische symboliek wordt het geraamte gelijkgesteld aan de *nigredo* (zie blz. 149), de dood die aan de wederopstanding voorafgaat.

Vadertje Tijd
Een symbool van de voorbijgaande aard van menselijke inspanningen. Vadertje Tijd wordt geassocieerd met Cronus, de Griekse god van de landbouw, van wie hij de sikkel heeft overgenomen. Vadertje Tijd wordt ook vaak afgebeeld met een zandloper.

Goed en kwaad

Goed en kwaad, de grote tegengestelde krachten in het universum, nemen gewoonlijk de vorm aan van onverzoenbare tegenstellingen: schoonheid versus lelijkheid, moed versus lafheid, enz. De christelijke symboliek gaat ervan uit dat voor weinigen het smalle en rechte pad naar het eeuwige leven is weggelegd en dat de meeste mensen het brede pad naar verdoemenis volgen. Goed en kwaad worden belichaamd door de Heilige Drieëenheid en Satan, de vader der leugens (die soms wordt afgebeeld met drie gezichten, zodat het verschil met het goede pregnanter is). In de meeste culturen wordt het goede op den duur beloond met waardevolle geschenken, terwijl de straffen voor het kwaad werkelijk verschrikkelijk zijn. Het oosterse concept karma is minder categorisch, omdat het een oneindig aantal mogelijkheden ter inlossing van 'schuld' kent. Iedere menselijke daad is een oorzaak met een gevolg in dit leven, het volgende leven of een andere incarnatie in deze wereld. Aan deze wet kan niemand ontsnappen, want hij behoort, net als de zwaartekracht of de ouderdom tot de natuur.

Veel grote esoterische tradities ontkennen echter de tegenstelling tussen goed en kwaad en vinden dat iedere handeling elementen van beide bevat. Door het land te bewerken verstoort men eigenlijk ook het evenwicht in de natuur en iemand het leven redden kan betekenen dat diegene anderen mogelijk zal vernietigen. Omgekeerd doet een arts pijn om een wond te behandelen en neemt een soldaat één leven om honderden levens te redden. Ons bestaan is afhankelijk van de dood van planten en dieren, zonder welke er geen leven kan zijn. Er bestaat dus geen conflict tussen goed en kwaad, ze zijn met elkaar verweven, geïllustreerd door het symbool van yin en yang.

Yin en yang
Dit oude oosterse symbool staat voor het evenwicht tussen polaire krachten dat noodzakelijk is voor het bestaan van de wereld der vormen. Yin kan yang worden en omgekeerd. Mannelijk en vrouwelijk, rechts en links, goed en kwaad kunnen alleen bestaan bij de gratie van hun tegendeel.

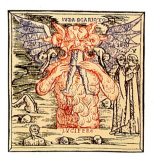

De demon
Het Griekse woord *daimon* (later *daemon*) betekende aanvankelijk god, maar vervolgens natuurgeest en daarna spruit van de duivel. Tegenwoordig staat een demon voor een actieve kwade kracht, die ten dienste van zijn heer, Satan, het gedrag van een mens kan corrumperen.

De aartsengel
Aartsengelen komen hoofdzakelijk in westerse godsdiensten voor en staan voor aspecten van de goddelijke energie. In het christendom dragen de aartsengelen Michaël, Rafaël, Uriël en Gabriël een zwaard, een pelgrimsstaf, een boek en een lelie, symbolen van het goddelijke oordeel, bescherming, wijsheid en genade.

De monnik
Monniken staan voor vroomheid, soberheid en terugtrekking uit de wereld om zich aan geestelijke ontwikkeling te wijden. De monnik staat ook voor genezing (als eerste boden kloosters ziekenhuiszorg), schuilplaats voor reizigers, geleerdheid en gedisciplineerde arbeid.

Stralenkransen, maskers en schaduwen

Aureool, stralenkrans of nimbus is het bekendst uit de christelijke iconografie, zoals die zich vanaf de 2de eeuw heeft ontwikkeld, maar werd in de oude Griekse en oosterse kunst al gebruikt als een aanduiding van goddelijkheid of heiligheid. Het aureool kan gebaseerd zijn op de aura, het energieveld dat zich volgens sommigen rondom het menselijk lichaam uitstrekt. Maar het kan ook een symbool zijn van de zon en daardoor symbolisch voor de goddelijke straling die van het individu uitgaat.

Een negatieve verwant van de stralenkrans is de schaduw, die belet dat licht uit de hemel de aarde bereikt. De schaduw is een symbool van onze stoffelijke aard: de dichtheid van de vorm in tegenstelling tot de transparante geest. Een masker kan iemands ware aard verbergen en een louter kunstmatig gezicht tonen en dus eerder op een gespeelde rol dan op de werkelijkheid wijzen. Sjamanen en Tibetaanse boeddhisten geloven echter dat het masker de drager kan helpen zijn rol te overstijgen en zijn ego te overwinnen, zodat de geesten van behulpzame dieren of zelfs goden hem binnen kunnen gaan en door hem kunnen werken.

Het aureool
Een symbool van de goddelijke straling, de wijsheid van goden en de levenskracht die uit het hoofd straalt. In de christelijke kunst is de stralenkrans meestal rond en wit of goud van kleur. In de Grieks-orthodoxe Kerk plaatst men in de nimbus van Christus vaak een kruis.

De schaduw
De schaduw is het teken van het materiële en men geloofde dat geesten konden worden herkend aan de afwezigheid van een schaduw. In Jungiaanse termen is de schaduw een onderdrukt of onvolledig geaccepteerd deel van onszelf.

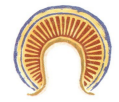

Varianten op de stralenkrans
In sommige tradities geeft een vierkante of zeshoekige stralenkrans aan dat de persoon nog leeft, terwijl een ronde op een overleden heilige wijst. Het aureool van God de Vader is vaak driehoekig of ruitvormig.

De mandorla
De ovale mandorla (Italiaans voor 'amandel') is een variant op de stralenkrans: zij omringt het hele lichaam van een heilige. De mandorla symboliseert macht en spiritualiteit en wordt vaak aangebracht rondom het lichaam van Christus op schilderijen die de Hemelvaart tot onderwerp hebben.

Het masker
Maskers suggereren geheimhouding of verandering. De drager van het masker kon dichter bij goden, geesten en instinctieve wijsheid van het dier komen. In het Oosten wordt een masker gezien als een symbool van de grote illusie van het leven: de wereld is *maya*, het masker van God.

In Griekse toneelstukken en het Japanse Nô-toneel vertegenwoordigen maskers de kwaliteiten van de gespeelde rol en stellen het publiek in staat zich met de rol in plaats van met de acteurs te identificeren.

Goden en godinnen

Zeer oude teksten, zoals de *Rig Veda*'s (Hindoe-teksten waarvan sommige gedeelten tot 1000 v.Chr. teruggaan), wijzen erop dat men in vroeger tijden de krachten die het leven hadden geschapen en instandhielden zeer hoog achtte. Maar de oorsprong van deze krachten ging elke beschrijving of ieder begrip te boven en daarom was het niet meer dan logisch dat men de hoogste waarheden in gerationaliseerde, symbolische beelden is gaan weergeven. In psychologische termen kunnen we zeggen dat men vroeger het archetype (zie blz. 13) van de hogere machten naar buiten heeft geprojecteerd en dat zo het concept 'god' is ontstaan: aan een god werden alle kwaliteiten toegeschreven die men in zijn eigen leven nastreefde. In vele culturen werden de goden steeds fijner uitgewerkt en tot symbolen van bepaalde aspecten van de natuur (donder, zee, vuur, water) of bepaalde menselijke eigenschappen (mededogen, schoonheid, wijsheid) gemaakt. In de meest verfijnde godsdiensten waren de individuele goden ondergeschikt aan of dimensies van een hogere macht, die kon worden voorgesteld als een zon of luchtgod, of minder concreet oneindige potentie of leegte.

Hiermee is niet gezegd dat goden louter hersenspinsels van de vruchtbare menselijke fantasie zouden zijn. Er kunnen argumenten worden aangevoerd dat de kracht die het universum heeft geschapen en instandhoudt zich aan de mens openbaart in symbolische vormen die zijn aangepast aan het menselijke begrip en dat goden daarom moeten worden gezien als een synthese van de goddelijke energie en de beperkingen van het menselijke denkvermogen.

Jung geloofde dat de menselijke psyche een 'aangeboren religieuze functie' kende, waarmee hij doelde op de dringende behoefte onbewuste archetypen bewust te uiten. Dit verlangen, even sterk als de instinctieve driften seksualiteit en agressiviteit, kan een verklaring bieden voor de geweldige energie die men heeft gestoken in tempels en kerken, godsdienstoorlogen en het bekeren van andersdenkenden. Jung beweerde dat pogingen om deze verlangens te smoren (met name later in het leven als jeugdige ambities zijn verzwakt) tot psychische instabiliteit of instorting kan leiden.

God de Vader
De christelijke kunst, die de mentaliteit van overheersende patriarchale samenlevingen weerspiegelt, stelt God gewoonlijk voor als een wijze vaderfiguur met een lange witte baard (een symbool van waardigheid). Vóór de 15de eeuw waren dit soort beelden zeldzaam en zelfs schilderijen van bijbelse taferelen toonden God gewoonlijk in de gedaante van Christus, herkenbaar aan een kruisvormige stralenkrans. De islam verbiedt het afbeelden van Allah om te voorkomen dat er onjuiste gedachten ontstaan die het geloof kunnen ondermijnen.

GODEN EN GODINNEN 133

Het tetragrammaton
De naam van God zoals die in de vier Hebreeuwse letters JHWH aan Mozes is geopenbaard, staat bekend als het tetragrammaton. Dit heilige woord zou zijn afgeleid van Gods uitspraak in Exodus: 'Ik ben wat ik ben.'

Koean Yin
Een Chinees symbool van goddelijke zuiverheid en wijsheid. Boeddhisten zien Koean Yin als de vrouwelijke vorm van Avalokiteshvara, de duizendarmige bodhisattva, symbolisch voor grenzeloos mededogen.

134 DE WERELD DER SYMBOLEN

Doerga
De mannelijke en vrouwelijke scheppende krachten verkeren volgens het hindoeïsme altijd in evenwicht. Elke god heeft daarom een tegenhanger die even belangrijk is. Doerga, de tegenhanger van Shiva, is de goddelijke moeder van het universum, de vernietigster van het kwaad (in deze rol wordt ze soms gelijkgesteld met de verschrikkelijke Kali) en een zinnebeeld van inzicht, onderscheidingsvermogen, devotie en zegening. Ze wordt vaak afgebeeld met tien armen (een symbool van majesteit en kracht) en rijdend op een leeuw (spirituele kracht).

Quetzalcoatl
De naam van de slang met de vederbos, de Azteekse oppergod van de wind en het Westen. Europeanen associeerden deze god vaak met mensenoffers, maar eigenlijk was hij een symbool van vriendelijkheid, wijsheid en de uitvaardiging van wetten. Hij was degene die de allesverslindende aardslang had verslagen en de wereld bewoonbaar had gemaakt. Mensenoffers waren niet voor Quetzalcoatl bedoeld, maar om de aardslang tevreden te stellen die nog steeds naar bloed smachtte.

Saturnus
De Romeinse god van landbouw, zaad en overvloed (zoals de Griekse god Cronus). Saturnus heeft over de aarde geregeerd in de Gouden Tijd – het mythische, eerste, paradijselijke tijdvak na de schepping. Zijn feest, Saturnalia, was gewijd aan de winterse zonnewende en een tijd van vrijheid en overvloed. Men denkt dat zijn feest de oorsprong van het westerse kerstfeest is.

Shiva
Shiva is een van de drie belangrijkste Hindoe-goden. Hij is de god van de kosmische dans en vernietigt zodat het leven zich kan vernieuwen. In een van zijn vier handen heeft hij de verterende vlam en in een andere de ratel waarvan het geluid de schepping heeft voortgebracht. Met zijn derde hand maakt hij een gebaar van onversaagdheid, terwijl zijn vierde wijst naar de dwerg van de onwetendheid onder zijn voeten.

Heksen, priesters en tovenaars

Gerespecteerd of verguisd, aan degenen die naar de kern van de geheimen der ware wijsheid zochten, is in iedere samenleving een bijzondere plaats toebedeeld. Hekserij is oud en wijdverbreid – bekend in Europa, Afrika en Noord-Amerika – en antropologen schrijven er zelfs een sociale functie aan toe. De heks, bezeten door, nam men aan, kwade of verwoestende geesten, werd eigenlijk een zondebok voor rampen en sociale conflicten. Het christendom zag de heksen als instrumenten van de duivel en nog in 1692 werd de bijbelse tekst 'laat geen heks leven' letterlijk genomen, toen in Salem (Massachusetts) negentien veroordeelde heksen werden opgehangen. Heksen werden vaak getypeerd als verleidsters of kannibalen en veelal afgebeeld als uilen, katten en padden, omdat men dacht dat zij zich in deze nachtdieren konden veranderen.

In tegenstelling tot de heks is de priester gewoonlijk een symbool van de bevoegde toepassing van innerlijke wijsheid, aangezien hij voor de godsdienstuitoefening zorgdroeg of door de leiders van de gemeenschap werd gesteund. In de oude Egyptische en enkele Zuidamerikaanse culturen waren de priesters ook koningen – hun wereldse positie hadden ze te danken aan hun geestelijke vermogens. In enkele culturen was het priesterschap alleen voorbehouden aan mannen, want vrouwelijke energie werd veelal gezien als symbolisch voor de verborgen, geheime kant van de natuur en in de meeste beschavingen rondom de Middellandse Zee geloofde men dat vrouwen over grotere geestelijke vermogens beschikten dan mannen. Dit geloof blijkt uit de verering van vrouwelijke goden als Isis en Artemis.

De rol van de tovenaar heeft altijd ergens tussen die van heksen en priesters in gelegen – een tovenaar kan het goede maar ook het kwade dienen. Tovenaars die aan rituele magie deden, streefden in de regel naar geestelijke versmelting met het goddelijke en beheersing van de natuurkrachten.

De tovenaar
Tovenaars symboliseren positieve (tovenaars van de rechterweg) of negatieve (tovenaars van de linkerweg) magische vermogens. Een tovenaar kan echter ook wijzen op de wijsheid die met de jaren komt en een solitair leven, gewijd aan studie.

De heks
De heks symboliseert vernietiging en duistere krachten en wordt doorgaans maar niet altijd als vrouwelijk gezien. In het Westen is zij meestal een feeks op een bezemsteel, maar in Afrika heeft zij rode ogen door haar nachtelijke activiteiten en is zij dik van al het verslonden mensenvlees.

Hemel en hel

Vroeger was de lucht de natuurlijke verblijfplaats van goden die heersten over het zonlicht, de regen en andere krachten waarvan het leven afhankelijk was. Vaak geloofde men dat de goden op een stevige koepel boven de aarde woonden en vanaf die plaats de activiteiten van de stervelingen gadesloegen en beoordeelden. Een verblijf in de hemel was daarom de voor de hand liggende beloning voor een goed leven. Het tegenovergestelde van de hemel, de hel, een donkere onderaardse wereld, werd symbolisch voor straf en vergelding.

De beschrijvingen van de hemel lopen per cultuur sterk uiteen. In veel westerse voorstellingen is de hemel een plaats waar louter aardse geneugten bestaan. Christelijke kunstenaars hebben de hemel vaak afgebeeld als een prachtige tuin of boomgaard, en in de Noorse hemel (het walhalla) werd voortdurend gedronken en gefeest. Voor Inca's en Egyptenaren had de hemel een meer spirituele dimensie en was een plaats van innerlijke rust en vrede waar men van vleselijke lusten bevrijd was. Voorstellingen van de hel zijn even verschillend. In de christelijke kunst werd de hel gezien als de woonplaats van de duivel die werd bewaakt door de driekoppige hond Cerberus (geleend uit de Griekse mythologie) en hield zij een ernstige waarschuwing in voor uiteenlopende typen zondaars; de genitaliën van overspeligen werden door insekten en padden opgegeten. De islam wil dat de lichamen van zondaars worden vergroot, zodat hun lijden in de hel dienovereenkomstig toeneemt. De oude Grieken geloofden dat de Hades, de onderwereld, uit drie werelden bestond: de Asphodelus-weide, een gevangenis waarin de dode zielen doelloos rondtrokken, de Elyzeese velden, de bestemming voor enkele gelukkigen, en de Tartarus, waar de verdorvenen werden gestraft.

In oosterse godsdiensten wordt in de regel meer nadruk gelegd op hergeboorte en definitieve verlossing uit de 'wordingscyclus'. Zo ziet het boeddhisme hemel en hel als plaatsen waar men verdiensten of fouten uit dit leven verwerkt voordat men nogmaals naar de wereld van de incarnaties terugkeert.

Paradijs
Het Paradijs wordt gezien als een plaats waar vrede, licht en schoonheid heersen, de volmaakte oertoestand die ooit moet hebben bestaan. Soms is het de hemel en soms een pleisterplaats op weg naar de hemel. Het Paradijs wordt voorgesteld als een tuin of in de christelijke traditie het Nieuwe Jeruzalem.

Tsitigarbharaja
Het concept van de eeuwige hel is in strijd met de boeddhistische leer: eeuwige liefde en mededogen zijn belichaamd in de gedaante van Tsitigarbharaja, de bodhisattva die in de hel afdaalt om degenen die daar lijden te stichten en te redden.

Jacobsladder
In Genesis droomt Jacob over engelen, die tussen hemel en aarde op een ladder heen en weer reizen. De ladder geeft aan dat de mens naar de hemel kan opstijgen en het goddelijke naar de aarde kan afdalen, maar toch ook dat de band tussen beide werelden niet stabiel is.

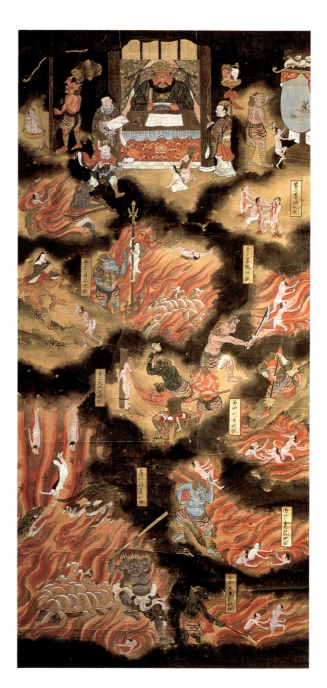

De Japanse hel
In de Japanse voorstelling van de hel worden zondaars beoordeeld door Emma-o, de god van de onderwereld, die meestal wordt afgebeeld met de staf die bij zijn ambt behoort. Na het oordeel worden de zondaars naar een van de zestien regio's van vuur of ijs verwezen, waaruit ze alleen door de gebeden van de levenden kunnen worden gered.

Hemel en hel 139

Het vlammende zwaard
Toen Adam en Eva uit het Paradijs werden verstoten, plaatste God ten oosten van Edens tuin het vlammende zwaard om de weg te bewaken. Het is symbolisch voor het offer dat we nu moeten brengen om het Paradijs opnieuw te mogen betreden – de overgave van het ego dat zich als gescheiden van God ziet.

Nirvana
Het nirvana is het hoogste doel van boeddhisten en gaat iedere beschrijving te boven: het is ultieme rust, de bevrijding van alle beperkingen van het bestaan en wordt alleen door hoogst abstracte vormen gesymboliseerd.

Charon en de Styx
De dood is altijd voorgesteld als een reis – de ziel die naar het hof van Osiris vliegt, de zee naar het Eiland der Gezegenden oversteekt of met de Walkuren naar het walhalla rijdt. Voor de oude Grieken ging het om een reis over de rivier de Styx met de pont van de geest Charon. Als betaling voor deze oversteek door het duister werden de doden met munten in hun mond begraven.

140

Symboolstelsels

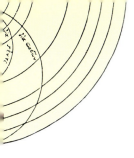 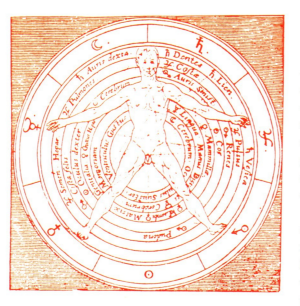

 De buitengewone rijkdom en complexiteit van symboolstelsels als tarot, astrologie en kabbala laat zien hoe creatief de mens kan zijn. Maar ze gaan toch ook dieper dan dat. Het fascinerende van symboolstelsels is eigenlijk dat ze aansluiten bij wezenlijke aspecten van de menselijke aard – ze verwijzen naar een gemeenschappelijke wijsheid waarvan we de waarheid wel inzien, maar die we nooit echt in woorden formuleren. Het lijkt aannemelijk dat symboolstelsels zijn voortgekomen uit de voorstellingen van mensen die in nauwer contact stonden met de diepste waarheid dan wij momenteel doen.

Een symboolstelsel is een symbolische kaart van de werkelijkheid, die de topografie weergeeft van de geestelijke en emotionele wereld die zich aan ons geestesoog toont. Net als we een stad niet echt kunnen waarderen als we geen tijd en moeite nemen elk gaatje en hoekje ervan te bekijken, kan ook een symboolstelsel zijn volle betekenis slechts laten zien als we ons vertrouwd maken met elk aspect ervan. Ieder symbool in een systeem heeft niet alleen een betekenis op zich, maar staat ook in relatie met de andere symbolen. Net als een ingewikkelde compositie voor een orkest, is het totaal meer dan de som der delen.

De Grieks-Armeense mysticus en filosoof George Ivanovitch Gurdjieff (1872-1949) heeft erop gewezen dat wij veel hebben van mensen die in prachtige huizen wonen maar eigenlijk nooit verder dan de kelder komen. De menselijke geest is inderdaad te vergelijken met een prachtig huis en als we onze aandacht niet richten op onderwerpen die verder gaan dan het alledaagse, blijven we beslist vreemden voor onszelf. Het bestuderen van een symboolstelsel kan het inzicht in de menselijke geest vergroten en het mogelijk maken completer te leven.

Wie de spirituele atlas van symboolstelsels doorbladert, zal doorgaans ontdekken dat het ene systeem een grotere aantrekkingskracht uitoefent dan het andere. Gedeeltelijk heeft dit te maken met culturele factoren, maar individuele eigenschappen spelen ook een rol. Voor iemand met artistieke aanleg of een sterk visueel vermogen zal een systeem dat met beelden werkt (bij voorbeeld de tarot) het aantrekkelijkste zijn. Iemand die meer waarde aan het lichaam dan het verstand hecht, zal zich waarschijnlijk sterker aangetrokken voelen tot een systeem dat zich concentreert op de energiecentra in het menselijk lichaam (zoals yoga). Bovendien vraagt het ene symboolstelsel meer dan het andere van de leerling. Zo is de inwijding in een occult systeem een langdurig proces, waarbij de adept de innerlijke waarheid waarnaar magische symbolen verwijzen slechts mondjesmaat te weten komt, aangezien men hem wil beschermen tegen de psychologische schade die kan optreden als er plotseling onbekende psychische energie vrijkomt. En alchemistische symbolen zijn opzettelijk cryptisch – daarmee wordt de vastbeslotenheid en motivatie van de zoekende op de proef gesteld.

Een nieuwe synthese

Alle grote symboolstelsels proberen de paradoxale waarheden over de ultieme werkelijkheid te behandelen in termen die ver van onze alledaagse taal af staan. Voor de communicatie wordt gebruik gemaakt van een specialistisch idioom, omdat de alledaagse taal niet in staat is onder de oppervlakte van de dingen door te dringen, hoe doelmatig deze alledaagse taal ook is als het om wereldse kwesties gaat. Door excessief gebruik kan de alledaagse taal de diepste werkelijkheden niet langer helder aanduiden. Ook de rationele logica is niet in staat de belangrijkste vormen van kennis bloot te leggen. In deze moderne tijd moeten we opnieuw leren vat te krijgen op instinctieve, voorwetenschappelijke waarheden – oude waarheden die in de vorm van symboolstelsels aan ons zijn overgeleverd.

Geduldig bestuderen van een uitverkoren systeem is geestelijk verfrissend, ook omdat het een alternatieve wereldvisie biedt. Het zou vanzelfsprekend wereldvreemd zijn de bevindingen van de moderne wetenschap te negeren. Maar in dit laatste decennium van de 20ste eeuw neemt de zelfverzekerdheid van de wetenschap af en met het blootleggen van nieuwe onderzoeksterreinen, zoals de quantummechanica, komt het oude gevoel van geheimzinnigheid terug. De quantumtheorie stelt dat we van een atoomdeeltje òf zijn snelheid òf zijn positie kunnen weten, maar nooit beide tegelijk – hier wordt ons inzicht werkelijk door onze invalshoek beperkt. De theorieën van Einstein, die ons hogelijk heeft verbaasd met zijn bewering dat de ruimte is gekromd en dat ook kon bewijzen, zijn voor iedereen die is ingewijd in de hedendaagse mysteries van de wetenschap volstrekt orthodox, zelfs ouderwets.

De wereld beweegt zich in de richting van een synthese van vakgebieden. Wetenschappen verstrengelen zich en uiteindelijk zullen de traditionele scheidslijnen tussen disciplines verdwijnen. We mogen hopen dat vroegere en hedendaagse wijsheid, materiële en spirituele benaderingen elkaar op dezelfde wijze bevruchten en dat het verleden een verhelderend spiritueel licht op het heden werpt – wat al een feit is voor velen die de complexiteit van de traditionele symbolen hebben ontrafeld en de erin bevatte verborgen betekenissen ontcijferd.

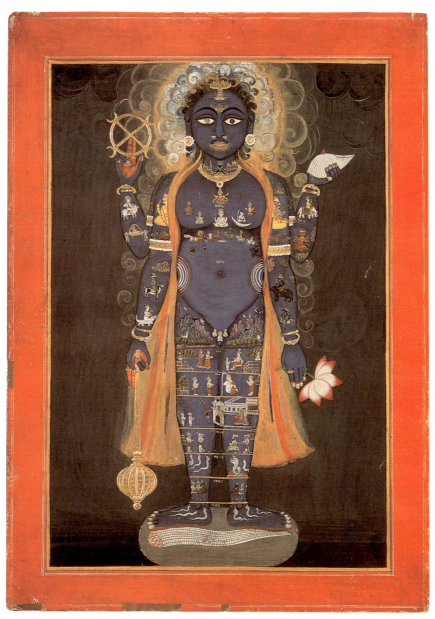

Visjnoe als macrokosmos
In talloze symboolstelsels wordt de mens als een macrokosmos voorgesteld. Op dit Indiase schilderij wordt de geliefdste en menselijkste van Visjnoe's avatars, Krishna, voorgesteld als een symbool van de wereld – zijn lichaam omvat mensen, dieren en de hemelen. De vierarmige Krishna houdt zijn attributen in zijn handen: schijf, schelp, lotus en scepter.

Occulte systemen

Het woord 'occult', dat velen wantrouwend maakt, betekent 'verborgen'. Een occult systeem is een wijsheidssysteem dat naar de mening van de beoefenaars geheimgehouden dient te worden. De gemeenschappelijke noemer van de talloze occulte systemen is dat ze proberen met symbolische middelen een ingrijpende bewustzijnsverandering tot stand te brengen, die de adept in staat stelt bepaalde waarheden over zichzelf en de werkelijkheid te ontdekken.

De wortels van het westerse occultisme kunnen we traceren tot de teksten van de *Hermetica* (1ste-3de eeuw). Deze teksten hebben de vorm van dialogen tussen goden, van wie met name de Griekse god Hermes Trimegistus vaak aan het woord is. Ze behandelen een aantal concepten die later in de geschiedenis van het occultisme terugkomen, zoals de dualiteit tussen materie en geest en de gedachte dat redding mogelijk is door kennis in plaats van geloof. In de *Hermetica* wordt de mens gezien als een onsterfelijke geest, gevangen in een sterfelijk lichaam waarvan hij zich kan bevrijden als hij zijn ware aard begrijpt (en daarmee gelijk God wordt). In deze teksten wordt ook beschreven hoe de goden in het verre verleden van beelden tot levende schepsels zijn geworden: men had de emblemen van de goden rondom de beelden verzameld en monotoon geheime woorden gereciteerd die de bepaalde goden aan hen hadden onthuld.

In de *grimoires*, de middeleeuwse magische 'receptenboeken' (waarvan *Sleutel van Salomon* het beroemdste is), worden systemen behandeld die men kan gebruiken om met symbolen geesten aan te roepen om zelfkennis, dat is

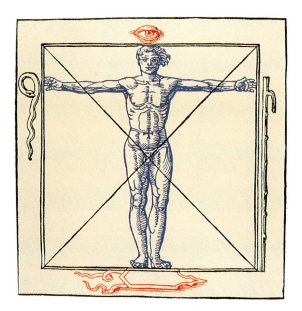

volledige spirituele ontwikkeling, te verwerven. De magiër trok zijn gewaden aan en legde zijn magische wapens gereed. Vervolgens tekende hij op de grond een complex symbool voor zijn lichaam, ziel en geest (een westerse variant van de mandala) en daarnaast nog een tweede, driehoekige vorm. De geest werd naar de driehoek geroepen en daar ging de magiër de confrontatie met hem aan: lukte het niet de geest te onderwerpen, dan ging hij de mandala binnen en vernietigde de magiër. Gezien vanuit een psycho-spirituele invalshoek zouden we kunnen zeggen dat de geesten stonden voor facetten van de magiër die hij moest overwinnen en begrijpen, voordat hij een volledig geïntegreerd mens kon worden.

Latere occulte systemen, bij voorbeeld de Hermetische Orde van de Gouden Dageraad (in 1887 in Londen opgericht) werden sterk beïnvloed door de theorieën van Eliphas Lévi (zie rechterbladzijde). Net als in veel andere systemen onderscheidde men zeven initiatieniveaus: Neofiet, Zelator, Theoricus, Practicus, Philosophus, Adeptus Minor en Adeptus Major. Op het hoogste niveau had men drie taken te verrichten: waarzeggen, evocatie en invocatie. Voor elke taak waren symbolen van doorslaggevend belang. Voor het waarzeggen gebruikte men symboolstelsels als tarot of I Tjing. Voor de evocatie van een god omringde men zich met de symbolen van die god (of het deel van zijn bewustzijn) met wie of waarmee men in contact wilde komen. In de loop van enkele dagen brachten deze symbolen de magiër in de juiste stemming. Op het goede ogenblik riep hij met geschikte rituelen de god met zijn specifieke kwaliteiten op.

OCCULTE SYSTEMEN   145

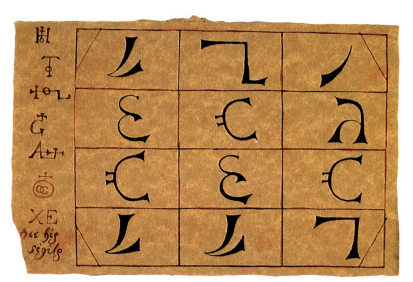

Magisch schrift (links)
De Engelse occultist en wiskundige John Dee (hofastroloog van koningin Elizabeth I) heeft geprobeerd magische symbolen te relateren aan de meetkunde van Pythagoras en andere wiskundige gegevens. De filosofie achter zijn magische schrift werd later door een aantal geheime broederschappen overgenomen.

Magisch diagram (linkerbladzijde)
In deze illustratie uit het 16de-eeuwse occulte geschrift *De Occulta Philosophia* van Cornelius Agrippa, wordt de mens omringd door vier magische symbolen: oog, staf, slang en schild.

Het rozenkruis
De occulte beweging van de Rozenkruisers is in het 17de-eeuwse Duitsland ontstaan na de publicatie van het pamflet *De Fama en broederschap van de verdienstelijke orde van het Roze Kruis*. Aangenomen wordt dat de vermoedelijke schrijver hiervan, de, mogelijk fictieve Duitse edelman Christian Rosycros, een mystieke broederschap heeft gesticht, waarin men zich onledig hield met occulte praktijken en gedachten die nauw samenhingen met alchemie en kabbala. Het bekendste symbool van de Rozenkruisers is de roos in het centrum van een kruis, een symbool van de ontplooiing van innerlijke, spirituele werkelijkheden. Op de armen van het kruis staan de vier Hebreeuwse letters van het tetragrammaton (zie blz. 133).

De magie van Eliphas Lévi
Eliphas Lévi (geboren in 1810) liet zijn roeping om priester te worden varen en heeft jarenlang rituele magie in praktijk gebracht. Lévi is een van de grote occulte theoretici en heeft drie fundamentele en bijzonder invloedrijke occulte doctrines geformuleerd. *De wet van de correspondentie* stelt dat de mens een 'klein universum' (microkosmos) is waarvan elk detail exact overeenkomt met een deel van het grotere universum (de macrokosmos). *Het dogma van de hoge magie* houdt in dat de menselijke wil alles kan bereiken, als de wil maar juist wordt geoefend en gericht. *Het astrale licht* wordt door Lévi gezien als een onzichtbare kracht die het universum doordrenkt. In deze gravure uit Lévi's *Transcendentale magie* zien we de gereedschappen van de magiër: lamp, staf, dolk en zwaard.

Alchemie

Alchemie wordt doorgaans beschouwd als een pseudo-wetenschap die zich bezighoudt met de transformatie van gewone metalen in goud. Alchemie heeft de status van een curiositeit, die eigenlijk alleen vermelding verdient door de bijdragen van alchemisten aan de zich vormende wetenschap van de chemie. Het misverstand is begrijpelijk door de sluier van geheimzinnigheid die opzettelijk over het ware doel van de alchemie is gelegd: het nastreven van (geestelijke) verlichting. Op het diepste, esoterische niveau was het gewone metaal van de alchemist symbolisch voor het nog niet verloste zelf, terwijl het onvergankelijke goud, dat onophoudelijk kon blijven fonkelen en schitteren, symbolisch was voor het bevrijde, spirituele zelf. Het was de bedoeling van de alchemist het 'vervuilde', alledaagse denken en ervaren in zuivere spiritualiteit om te zetten.

MONS PHILOSOPHORVM

De symboliek van de alchemistische transformatie werd gebruikt als vermomming, aangezien de machtige middeleeuwse kerk in Europa alchemie als ketterij had veroordeeld (alchemie betekende immers dat ieder mens zijn redding zonder de gevestigde godsdienst kon vinden). Alchemie was echter meer dan een symbool van innerlijke verandering: zij bood ook de middelen daartoe. Alchemisten probeerden het uitgangsmetaal te veranderen in de 'Steen der wijzen', ook aangeduid als elixer of tinctuur. Dat hij gewone metalen kon veranderen in goud was een bewijs van zijn vermogens, maar het elixer was toch vooral een doel op zich. De reis naar verlichting – voor de alchemisten het Grote Werk – verliep via met elkaar verweven stoffelijke en spirituele etappen.

Men denkt dat alchemie in het oude Egypte is ontstaan en deel heeft uitgemaakt van de esoterische wijsheid van de Grieken, Arabieren, Indiërs en Chinezen. De eerste Westeuropese alchemistische tekst verscheen in de 12de eeuw, toen de Engelsman Robert of Chester een Latijnse vertaling verzorgde van de Arabische tekst *Boek over de samenstelling van alchemie*. De theorie achter de alchemistische praktijk gaat terug op de oude visie dat de hele werkelijkheid, waaronder de mens, is gecreëerd uit een onstoffelijke *prima materia* (oerstof) – het universele magische element – dat vorm krijgt als de elementen aarde, vuur, lucht en water. Omdat deze elementen in elkaar kunnen veranderen, spreekt het vanzelf dat alle materie teruggaat op het principe van de verandering. In deze visie was het mogelijk een stof weer in *prima materia* terug te veranderen en vervolgens deze *prima materia* in een andere vorm te gieten.

De middeleeuwse beschrijvingen van de alchemistische praktijk zijn zo duister en symbolisch dat ze nagenoeg onbegrijpelijk zijn. Sommige geleerden beargumenteren dat de teksten de conventionele logica te buiten gaan om de vastberadenheid van de zoekende op de proef te stellen, omdat hij zich als leidraad op zijn weg naar verlichting dient te verlaten op intuïtie en inspiratie. Cynischer lieden stellen dat de kwellende teksten bedrog maskeren. Hoe dat ook mag zijn, duidelijk is dat de al-

ALCHEMIE 147

Alchemistische sleutels
Op deze gravure – een van een serie van twaalf 17de-eeuwse visuele 'sleutels' voor de alchemist – zijn symbolen te zien die verwijzen naar fasen in het alchemistische proces. De zon en de maan zijn het mannelijke en vrouwelijke element van de alchemie; de rode en witte roos symboliseren de rode koning en de witte koningin. Tussen beiden in zien we het symbool van Mercurius, het transformerende middel in het alchemistische proces dat vrijkomt uit de *prima materia*, die door de bewerkingen van de alchemist is veranderd en geperfectioneerd. Vuur, in de alchemie een externe kracht, wordt hier afgebeeld als brandend in een houten komfoor; alchemistische teksten verwijzen dikwijls naar een koel vuur dat de inhoud van het vat van de alchemist zachtjes verwarmt, zoals een kip haar eieren uitbroedt. Leeuw en slang zijn beide symbolen van onbewerkte materie.

Opklimmen naar verlichting (linkerbladzijde)
Het Grote Werk van de alchemist wordt hier afgebeeld als het rijzen van een berg, de *Mons Philosophorum*. Op de top zien we een parel, een symbool van de regenboogkleuren waarin de *nigredo* aan het eind van de eerste fase van het Grote Werk wordt getransformeerd (zie blz. 149).

De Steen der wijzen
Op deze afbeelding uit het 17de-eeuwse platenboek *Mutus Liber* (het 'Stille boek') wordt de Steen der wijzen (onder) afgebeeld in de athanor (de oven van de alchemist), terwijl het archetype wordt voorgesteld als Mercurius (boven) vastgehouden door engelen. De afbeelding benadrukt dat de fysieke handelingen van de alchemie een spirituele werkelijkheid weerspiegelen, die de Franse alchemist Pierre Jean Fabre als volgt heeft verwoord: 'Alchemie is niet zomaar een kunst of wetenschap om de verandering van metalen te leren, maar een ware en degelijke wetenschap die leert hoe men het hart van de dingen kan kennen dat, in de taal van de goden, de Levensgeest wordt genoemd.'

chemist zijn Grote Werk begint met de *prima materia* die, zo wordt beweerd, men zelf moet opdelven en de vorm aanneemt van een 'steen' (niet te verwarren met de Steen der wijzen). Deze steen, waarvan de precieze aard nergens wordt onthuld, werd verpoederd en vernietigd met een 'eerste agens', raadselachtig beschreven als 'droog water' of 'vuur zonder vlam', dat – suggereren sommige alchemisten – met een geheim procedé werd bereid van cremor tartari. Het amalgaam van deze twee stoffen werd bevochtigd met lentedauw, weggezet in een verzegeld vat en lange tijd verhit op een constante temperatuur.

Men nam aan dat tijdens de 'broedperiode' de twee principes in de *prima materia*, gewoonlijk symbolisch aangeduid als 'zwavel' (rode, mannelijke, hete zonneënergie) en 'kwik' (witte, vrouwelijke, koude maanenergie) heftig met elkaar streden, waarbij ze elkaar uiteindelijk afmaakten en zwart afval, de *nigredo*, het 'zwartste zwart', voortbrachten. Hiermee was de eerste fase van het Grote Werk volbracht. In de tweede fase werden op de *nigredo* regenboogkleuren gelegd (soms voorgesteld door een pauwestaart of een parel) die op hun beurt met *albedo* (wit) werden bedekt. De twee principes van de *prima materia* verschijnen nu in een nieuwe vorm: de 'rode koning' (het Zwavel der Wijzen) komt voort uit de baarmoeder van de 'witte koningin' (Kwik of de Witte Roos). De koning en koningin verenigen zich in het vuur van de liefde en hun versmelting leidt tot perfectie, dat is de Steen der wijzen, de katalysator die gewone metalen in goud kan veranderen en de sleutel tot verlichting vormt.

Voor de alchemist was de juiste motivatie essentieel voor het Grote Werk. Wie zich alleen op de chemische processen concentreerde, was gedoemd te falen. Wie alleen door begeerte werd gedreven zou, staat in een alchemistische tekst, 'slechts rook krijgen'. Het juiste motief voor de alchemist was 'de natuur en de werking ervan begrijpen en deze kennis gebruiken om [...] bij de Schepper te komen'.

De oorspronkelijke 'steen', die de zoekende zelf moest opgraven, symboliseert het diepe verlangen naar het vinden van de eigen spirituele kern, onder alchemisten bekend als het 'actieve beginsel'. Het 'eerste middel' staat voor het 'passieve principe', dat is de energie die in ons huist, waarvan de meeste mensen zich in hun leven niet bewust zijn, hoewel zij spirituele groei kan bewerkstelligen. Zodra er in de 'oven' van de diepe meditatie contact tussen het actieve en passieve principe is gelegd, ontstaat er een gevecht, omdat het actieve principe, dat gewend is door zijn wilskracht zijn wensen te bevredigen, ontdekt dat het passieve principe zich niet laat wegdrukken. Daarop volgt de donkere nacht van de ziel waarover de mysticus spreekt, omdat nu zowel het actieve als het passieve principe uitgeschakeld is en men alle houvast kwijt is. Deze wanhoop baart echter de regenboogopenbaring (liefde en niet kracht wordt vereist) en daarop volgt de vereniging van de twee principes, de rode koning en de witte koningin, wier nageslacht uit water en de geest wordt geboren.

Met welke spirituele stappen ging dit symbolische proces gepaard? Het is zeker dat men over de alchemistische symbolen moest mediteren en steeds een trede hoger klom. In een Chinese alchemistische tekst, *Het geheim van de gouden bloem*, vinden we meer aanwijzingen. Hierin wordt verteld dat we door meditatie kunnen zien hoe fysieke energie zich in het onderlichaam ophoopt, op de 'plaats van de macht', onder de navel, waar zij geweldige hitte opwekt en dan (symbolisch) het 'kookpunt' passeert en 'naar boven trekt als vliegende sneeuw [...] naar de top van het Scheppende.'

Misschien dat de alchemisten (of enkelen onder hen) ondanks hun vreemde en duistere taal er toch in zijn geslaagd de rode koning en de witte koningin te verenigen en het metaal van het stoffelijke bestaan hebben weten te verheffen tot het zuivere goud van het grotere spirituele zelf.

De hermafrodiet
De oerelementen zwavel (dat wat brandt) en kwik (dat wat vluchtig is) worden belichaamd door de hermafrodiet. De vereniging van deze polaire beginselen is het doel van de alchemie en de speurtocht van de mens. De hermafrodiet draagt de kroon van de perfectie en staat op een draak – een slang met de poten van een vogel. De hermafrodiet symboliseert daarmee macht over de krachten van land, zee en lucht. De vier koppen van de draak staan voor de vier elementen: vuur, lucht, water en aarde.

ALCHEMIE 151

De leeuw verslindt de zon
Alchemie is verbonden met ontelbare gedachtensystemen. Op enig moment in het verleden is alchemie beoefend in Noord-Europa, Griekenland, India, China en het Midden-Oosten. Het is daarom niet zo vreemd dat alchemistische symbolen verscheidene en soms zelfs tegenstrijdige duidingen kennen. Zo kan van de hier afgebeelde groene leeuw, een symbool van de oervorm van de materie, worden gezegd dat hij het mannelijke principe verslindt of de zwavel van de wijze vrijmaakt (beide kunnen door de zon worden gesymboliseerd).

De koning en koningin
In deze houtsnede uit *Rosarium Philosophorum* (1550) worden de koning en koningin, symbolisch voor het mannelijke (solaire) en vrouwelijke (lunaire) principe, afgebeeld in seksuele vereniging in de archetypische 'zee' van de geest. In de psychologie van Jung worden de koning, koningin en andere alchemistische symbolen gezien als uitingen van de universele archetypen die in het menselijk onbewuste leven (zie blz. 13).

Alchemie en christendom
Vele alchemisten waren goede christenen, maar gaven er de voorkeur aan kennis te verwerven door de directe ervaring in plaats van blind te geloven. Mensen zoals Thomas van Aquino en Isaac Newton zagen alchemie als een aanvulling op de gevestigde filosofie en theologie. Het hierboven getoonde detail van de 'Ripley-rol' toont de vogel van Hermes (Mercurius), gedompeld in heilige dauw. De Ripley-rol werd ontworpen door Sir George Ripley, een vrome Engelse aristocraat die kanunnik was in de augustijnerabdij in Bridlington (Engeland).

De kabbala

De kabbala is een uitzonderlijk systeem van theoretische en praktische wijsheid. Het wijst de adept niet alleen een weg voor zijn spirituele en geestelijke ontwikkeling, maar geeft hem ook een symbolische kaart van de schepping. De kabbala is geworteld in de mystiek van de 3de eeuw en heeft zich binnen een nagenoeg Hebreeuwse traditie verder ontwikkeld. De oudst bekende kabbalistische tekst, *Sepher Yetzirah*, is tussen de 3de en 6de eeuw verschenen. De grote aantrekkingskracht van het systeem heeft ertoe geleid dat in de 15de eeuw bepaalde aspecten in het christelijke gedachtengoed zijn verwerkt. De Italiaanse geleerde Giovanni Pico della Mirandola heeft geschreven dat 'geen wetenschap ons meer van de goddelijkheid van Jezus Christus kan overtuigen dan magie en kabbala.' Andere christelijke schrijvers vonden dat de kabbala een openbaring was voor de mens, die het mogelijk maakte de klassieke Griekse gedachten van Pythagoras, Plato en de Orfisten volledig te begrijpen.

In wezen is de kabbala een esoterische leer rond een systeem van symbolen die, gelooft men, het mysterie van God en het universum weerspiegelen en waarvoor de kabbalist de sleutel moet zien te vinden. Op theoretisch niveau kan de kabbalist (van oudsher een man) met deze sleutels de spirituele dimensies van het universum doorgronden, terwijl hij met de sleutels op praktisch niveau de krachten die bij deze dimensies horen voor magische doeleinden kan aanwenden (dat is voor stoffelijke, psychologische of spirituele transformatieprocessen). De sleutels van de kabbala liggen verborgen in de betekenis van de goddelijke openbaringen, zoals opgetekend in de heilige teksten: zoals God verborgen is, zo geldt dat ook voor de diepste geheimen van zijn goddelijke boodschap. Deze geheimen kunnen worden blootgelegd door het 'ontcijferen' van de geschriften. Daartoe heeft men een systeem van cijferequivalenten of *gematria* nodig, waarbij elke letter van het Hebreeuwse alfabet met een cijfer wordt geassocieerd of op bepaalde manieren kan worden samengevat of veranderd. Een voorbeeld is de koperen slang die Mozes heeft vervaardigd en aan een paal bevestigde zodat: '... wanneer iemand door een slang werd gebeten, en hij opzag naar de koperen slang, hij in leven bleef.' De koperen slang wordt door *gematria* vertaald in het getal 358, het cijferequivalent van het woord 'messias'. De koperen slang wordt dus opgevat als een voorspelling van de komst van de messias, die iedereen zal redden die is gebeten door het verlangen naar spirituele waarheid. Dit is de reden waarom christelijke kabbalisten het symbool van de om het kruis gekronkelde slang hebben geadopteerd als een symbool van Christus.

De mogelijkheden voor *gematria* zijn zo uitgebreid dat men voor het bestuderen van de kabbala Hebreeuws moet kennen. In het verleden stelden kabbalisten nog andere stringente voorwaarden aan studenten: de kandidaten moesten een moreel vlekkeloos leven leiden, zich

God de Schepper
In deze christelijke interpretatie van de kabbala stelt God de wetten van het universum vast. De vorm van de troon van de Schepper weerspiegelt de macrokosmos: de troon is een model van het hemelgewelf, de rug toont de hemellichamen.

uitstekend kunnen concentreren en zich volledig aan hun studie overgeven. Daarom kennen de meeste mensen de kabbala alleen in haar meest toegankelijke vorm: de *sefirot* of Levensboom (rechts). De sefirot lijkt eenvoudig, maar is een machtig symbool dat alles omvat.

Op fundamenteel niveau verklaart de sefirot de schepping. De reden voor het bestaan is dat God zichzelf wilde zien. Daartoe trok Hij (het Absolute Al) zich terug, zodat Hij 'naar Zijn eigen gelaat kon kijken'. Toen God het universum schiep, onthulde Hij tien kenmerken, die in de Levensboom door de afzonderlijke *sefira* worden gesymboliseerd. Een reeks precieze relaties verbindt de sefira met elkaar: het pad begint bij Kether (de kroon), een symbool van alles wat was, is en zal zijn, en voert uiteindelijk naar Malkoeth (het koninkrijk) dat staat voor de aanwezigheid van God in de materie. Op het pad tussen Kether en Malkoeth bevinden zich acht kwaliteiten: wijsheid, begrip, genade, oordeel of kracht, schoonheid, eeuwigheid, roem en fundament. Alle kwaliteiten zijn onderworpen aan de drie goddelijke principes: wil, genade en rechtvaardigheid. In de meeste visuele voorstellingen van de Levensboom wordt het pad voorgesteld in de vorm van een zigzagpatroon een bliksemflits, aangezien de drie goddelijke principes, die worden geassocieerd met evenwicht (wil), expansie (genade) en beperking (rechtvaardigheid), elk actief zijn.

Hoewel alle wetten met betrekking tot zijn en creatie in de Levensboom zijn verwerkt, bestaan deze wetten slechts als onverwezenlijkte plannen. Om de vele manifestaties van God te verklaren, beroept de kabbala zich op het concept van de Vier werelden of kosmische cycli, die ieder hun eigen Levensboom hebben. De Vier werelden – manifestatie (archetypen), schepping, vormen en handelen – kunnen we zien als de verschillende aspecten van God die tot de creatie van het universum hebben geleid. Ze verwijzen ook naar de hiërarchie van werelden die werd geopenbaard aan de profeet Ezechiël (6de eeuw), die in een visioen de gedaante zag van Jahwehs heerlijkheid (manifestatie) op een troon (schepping) rijdend in een

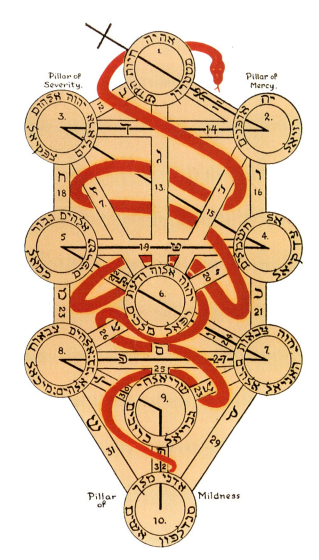

De kabbalistische Levensboom
De eerste afbeelding van de Levensboom stamt uit de middeleeuwen en vanaf die tijd zijn er talloze variaties verschenen. In deze versie uit de 20ste eeuw, uit een aantekenboekje van de Orde van het Gouden Kruis (een magische broederschap), worden de tien sefira met elkaar verbonden door tweeëntwintig paden, het aantal essentiële letters van het Hebreeuwse alfabet. Ieder pad kreeg één bepaalde letter en samen met de tien sefira geeft dit tweeëntwintig wegen naar wijsheid. De aard van een pad wordt bepaald door de bijbehorende letter en de twee sefira die het verbindt. In deze Levensboom is bovendien de Grote slang verwerkt, een symbool dat met Koendalini-energie samenhangt (zie blz. 182).

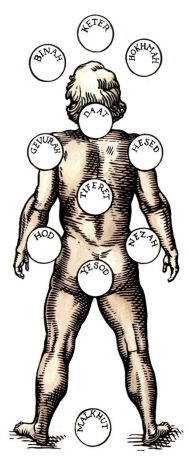

Adam Kadmon
In de kabbalistische visie is de oermens, Adam Kadmon, binnen de sefirot tot leven gewekt. In deze menselijke gedaante, begiftigd met wilskracht, verstand, emotie en het vermogen zich bewust te worden van zijn goddelijke schepper, was Adam Kadmon een reflectie van God en een manifestatie van Zijn goddelijke eigenschappen en had alles wat het God mogelijk maakte naar zijn eigen reflectie te kijken. Gewoonlijk zien we hem op zijn rug, zoals Mozes in het Oude Testament het goddelijke beeld ook van achteren zag; kabbalisten daarna hebben het gelaat van Adam echter geïnterpreteerd als een metafoor voor de genade die de goddelijke energie uitstraalde. Adam Kadmon is de voorvader van de Adam uit het bijbelse boek Genesis, die Gods beeld naar de wereld der vormen bracht (het aardse paradijs).

wagen (vormen) boven de wereld (handelen en materie). Iedere wereld bezit alle eigenschappen van de boven haar gelegen wereld en is dus complexer en onderworpen aan meer wetten. De Vier werelden worden gewoonlijk voorgesteld als vier met elkaar verbonden Levensbomen: de uitgebreide Levensboom.

De patronen en relaties die in de Levensboom worden belichaamd, zijn essentieel voor het leven en kunnen daarom op alles wat de mens denkt en doet worden toegepast. Begrijpt en gebruikt men de Levensboom zoals bedoeld, dan vormt hij een blauwdruk die alle verschijnselen kan verklaren en in laatste instantie laat beheersen – van kosmische krachten tot menselijke relaties, van de ziel die naar God opstijgt tot het lot van de wereldeconomie.

De kabbala is eigenlijk een orale traditie en de novice wordt in de regel begeleid door een ervaren mentor, die de plaats inneemt van het onvolmaakte, ontwikkelde bewustzijn van de leerling en hem wegleidt van de gevaren die inherent zijn aan mystieke ervaringen. Gewoonlijk begint de novice met het bestuderen van de tien sefira en werkt zich in de boom op in de richting van volledige verlichting. Iedere sefira staat voor een aspect van het zelf dat volledig ontplooid dient te worden voordat men naar het volgende niveau kan overstappen. Wanneer men bij voorbeeld nog niet helemaal klaar is met Hod (roem en aanzien) dan kan men niet op een ordentelijke wijze verder gaan naar Yesod (de band tussen lichaam en geest). Zodra de kabbalist de tien sefira theoretisch begrijpt, kan hij serieus beginnen aan zijn beklimming van de Levensboom. Daartoe moet hij verder studeren en mediteren en leren hoe de taken die bij de tweeëntwintig paden tussen de afzonderlijke sefira behoren aan zijn vooruitgang kunnen bijdragen. Het kan zijn levenswerk zijn en weinigen bereiken het einddoel, maar wie in Malkoeth aankomt, kan God kennen en de wereld der symbolen achter zich laten om de eeuwigheid te ervaren.

Het huis als mens
De dynamiek van de Levensboom kan op elk organisme, elk systeem en elke handeling worden toegepast. Deze 17de-eeuwse illustratie toont hoe het ontwerp van een huis en de menselijke anatomie worden geïnterpreteerd volgens de principes van de Levensboom.

Astrologie

Sterren hebben de mens altijd gefascineerd. In vroeger tijden werd men geïntrigeerd door de bewegingen en groeperingen van hemellichamen en associeerde ze met de mystieke krachten die het menselijk lot bepaalden. In de moderne astronomie hecht men steeds minder waarde aan deterministische benaderingen, maar ons ontzag voor de kosmos blijft onveranderd.

Bij de oudste volksstammen hadden de hemelverschijnselen een grote praktische betekenis. De seizoenen werden afgemeten aan de opeenvolging van langste en kortste dagen en de ogenblikken waarop dag en nacht even lang waren. Deze eenvoudige kalender werd de basis van planten en jagen. Toen er steeds meer waarnemingen over de hemel beschikbaar kwamen, werden sterren in groepen geordend en werd de beweging van hemellichamen scherp in de gaten gehouden. De sterrengroepen werden geassocieerd met bepaalde voorwerpen, dieren of mythische figuren en men begon menselijke en goddelijke kwaliteiten te projecteren op de bewegingen van zon, maan en planeten. De hemel begon te leven: goden, schepselen, helden en een groot aantal met hen samenhangende verhalen werden overgeleverd. Deze verhalen kregen geleidelijk een diepe mystieke betekenis, omdat ze het lot van de mens verklaarden en later het menselijk karakter konden analyseren.

Deze relaties tussen aarde en universum winnen aan geloofwaardigheid als we ons herinneren dat men vroeger de schepping zag als een uitgestrekt web van samenhangende krachten. Alles werd door alles beïnvloed, hoe groot de afstanden ook waren. De ingewanden van een dier konden het resultaat van een oorlog in een ver land aangeven, de toekomst gezien werd in dromen en een handjevol op de grond geworpen stenen konden iemands doen en laten leiden. Het menselijk leven was een weerspiegeling van de werkelijkheid die in het uitspansel stond geschreven.

De oudste wortels van de astrologie – het waarzegsysteem gebaseerd op de duiding van planetaire configuraties – liggen in Babylonië. Al op kleitabletten uit de 7de eeuw v.Chr. wordt verhaald van de invloed van vier hemelgoden op de mens: Shamash (de zon), Sin (de maan), Isjtar (de planeet Venus) en Adad (de weergod). In de loop der eeuwen kwamen deze waarzegprincipes uit Mesopotamië ook terecht in het Midden-Oosten, India en China, waar ze een eigen ontwikkeling doormaakten. Toch deed de astrologie pas in de periode van het hellenisme enkele flinke stappen vooruit. In de 2de eeuw na Chr. gaf Ptolemaeus de sterrengroepen de namen die we nu nog gebruiken. Dank zij verbeterde waarnemingsmethoden konden Griekse geleerden de bewegingen van de planeten optekenen in een vast assenstelsel (de zichtbare hemel) in plaats van in een aards coördinatenstelsel (de vier windrichtingen). De constellaties van sterren vormden daarmee een vaste 'kapstok' waartegen de ogenschijnlijke bewegingen van zon, maan en planeten (waarvan er in de Oudheid vijf zichtbaar waren) konden worden afgezet. De zon en de planeten leken (in relatie tot de sterren) te bewegen in een smalle strook van de hemel en deze riem (of zodiak) werd verdeeld in twaalf bogen van 30 graden, waarbij elke boog overeenkwam met een van de twaalf dierenriemtekens. De tekens werden oorspronkelijk genoemd naar de meest opvallende sterrengroepen

Symbolen van de dierenriemtekens
De beelden die we met de twaalf tekens van de dierenriem associëren, hoorden oorspronkelijk bij de sterrengroepen.
De tekens worden tevens aangeduid door kleine 'gliefen' die in deze Arabische tekst uit de 15de eeuw naast het beeld worden weergegeven.

De mens als dierenriem
Het lichaam van de hemelse mens werd idealiter beschouwd als een microkosmos van hemelse principes en ieder teken van de dierenriem werd geassocieerd met een bepaalde functie van het lichaam. Gebeurtenissen boven, zoals de positie van een planeet in een teken, werden weerspiegeld in het lichamelijke en psychische welzijn van het individu.
De dierenriemmens is een veel voorkomend thema in de middeleeuwse literatuur (deze illustratie is uit een 15de-eeuws Frans handschrift); de relatie tussen astrologie en het menselijke lichaam was in de 16de eeuw vrij compleet: de diagnose van stemming en kwalen van een patiënt werd gebaseerd op zijn of haar geboorteteken.

in hun domein. Maar door de lichte schommeling van de aarde om haar as, zijn de sterrengroepen uit hun oorspronkelijke tekens verdwenen. In het begin van het jaar staat de zon niet meer in Steenbok maar in Boogschutter.

In de ontwikkeling van de astrologie werden bewegingen aan het firmament gekoppeld aan aardse cycli en aan de zodiak werden symbolen toegewezen, die aangaven welke omstandigheden er op aarde bestonden als de zon in een bepaald deel van de hemel stond. Zo duidt Leeuw, hartje zomer, op de verschroeiende hitte van de zon. Daarop volgt Maagd, symbolisch voor het oogsten van het zaad dat het volgende jaar wordt geplant. Weegschaal staat voor het evenwicht tussen zomer en winter, de tijd van de zonnewende in de herfst waarin dag en nacht even lang zijn.

Al in Ptolemaeus' tijd viel het de Grieken op dat mensen op grond van het seizoen waarin ze waren geboren in bepaalde typen konden worden ingedeeld. Stap voor stap ontstonden er beschrijvingen van twaalf karaktertypen die tot op zekere hoogte met de tekens van de dierenriem corresponderen. Hierop voortbordurend ontwikkelde men de persoonlijke horoscoop, die was gebaseerd op de geboortetijd en verschillende andere, meer complexe factoren. In min of meer ongewijzigde vorm is deze fatalistische vorm van astrologie tot op de dag van heden blijven bestaan.

De twaalf tekens van de dierenriem worden gegroepeerd in vier groepen van drie, waarbij iedere groep aan een bepaald element wordt toegewezen (vuur, water, lucht of aarde). De tekens hebben ook een 'hoedanigheid' en een 'geslacht'. De vuurtekens (Ram, Leeuw en Boogschutter) hebben een stuwend, energiek karakter; de watertekens (Vissen, Kreeft en Schorpioen) zijn emotioneel en intuïtief; de luchttekens (Waterman, Tweelingen en Weegschaal) kunnen bogen op logica en intellect; de aardetekens (Steenbok, Stier en maagd) zijn praktisch en betrouwbaar. Bovendien worden de vuur- en luchttekens als extravert beschouwd en de water- en aardetekens als introvert.

De hoedanigheid van de tekens (hoofd, vast of beweeglijk) is gebaseerd op de drie fundamentele krachten van het leven: schepping (hoofd), continuering (vast) en vernietiging (beweeglijk). Hoofdtekens zijn actief en nemen initiatief; vaste tekens zijn passief en zorgen dat alles door blijft gaan; beweeglijke tekens maken de weg vrij voor verandering. De tekens kunnen verder mannelijk of vrouwelijk zijn. Ook kunnen de twaalf tekens nog gegroepeerd worden in zes polaire tweetallen die elkaar in evenwicht houden: Ram-Weegschaal, Stier-Schorpioen, Tweelingen-Boogschutter, Kreeft-Steenbok, Leeuw-Waterman en Maagd-Vissen.

Men dacht dat de invloed van de hemellichamen op de aarde afhankelijk was van de positie van de planeten in de tekens, en omdat de planeten werden gezien als de drijvende krachten achter de mens en de gebeurtenissen op aarde, werden ze vrij sterk geïdentificeerd met de goden. Iedere planeet (tien in totaal, want voor astrologische doeleinden worden de zon en de maan als planeten gezien) heeft een eigen symbool en 'regeert' over een of meer tekens. De, vanaf de aarde waargenomen, onderlinge posities van de planeten bepalen hoe hun krachten werken: staan de planeten in con-

Planetaire invloeden
Mercurius (afgebeeld op een illustratie uit de 16de-eeuwse editie van *De herders kalender*) werd gezien als een mannelijke planeet die invloed uitoefende op de communicatie. Van mensen geboren onder invloed van Mercurius werd gedacht dat ze alert, adrem en welbespraakt waren en een voorkeur voor wetenschappen hadden.

Zon en maan

Voor astrologische doeleinden gelden zon en maan als planeten. De maan staat voor verbeelding en reflectie en de zon voor de ware essentie van het bestaan. Het donkere deel van de maan, onzichtbaar als de heldere wassende maan zichtbaar is, is een symbool van het onbewuste. De maan wordt vaak geassocieerd met de zee. Op deze 15de-eeuwse Italiaanse miniatuur zien we dat de maan de zeelui op hun reis leidt.

De planetaire symbolen

☉ Zon

☽ Maan

☿ Mercurius

♀ Venus

♂ Mars

♃ Jupiter

♄ Saturnus

♅ Uranus

♆ Neptunus

♇ Pluto

junctie (dicht bij elkaar) dan werken hun krachten samen, maar staan ze omstreeks 90 graden van elkaar af dan werken de planetaire energieën elkaar tegen.

Om een horoscoop te trekken wordt de plaatselijke hemel (dus niet de totale hemel) ten opzichte van de horizon in twaalf eenheden of 'huizen' verdeeld. De huizen krijgen een cijfer en geen naam en geven, naar gelang de tekens en planeten die in een bepaald huis staan, informatie over iemands leven, zoals zijn relaties, gezondheid, beroep en creativiteit.

De eigenschappen van ieder teken, de planetaire invloeden en de domeinen van de huizen vormen samen een ingewikkeld net van elkaar aanvullende en tegenwerkende relaties die het lot van de mens zouden bepalen. De wetenschap heeft deze relaties eeuwenlang ontkend en bestreden met het argument dat de afstanden tussen de hemellichamen zo ontzettend groot waren dat ze onmogelijk iets met ons leven te maken konden hebben. Astrologie wordt dus beschouwd als een pseudo-wetenschap en in het gunstigste geval als een ruwe voorloper van de moderne astronomie. Toch blijven velen van ons geloven dat ons lot op de een of andere manier in de sterren geschreven staat. De astrologische symbolen oefenen ontegenzeggelijk een grote aantrekkingskracht op talloze mensen uit.

Het moderne wetenschappelijke denken is echter niet altijd even categorisch meer. Zo gelooft men in de moderne natuurkunde niet langer dat het universum bestaat uit een verzameling losse pakketjes materie. De schepping wordt steeds vaker gezien als een netwerk van samenhangende energievormen, een voorstelling die in een aantal opzichten aansluit bij de visie van onze verre voorouders. En hoewel de zwaartekracht en het licht van alle hemellichamen, op zon en maan na, veel te zwak zijn om enige invloed op ons uit te oefenen, staat helemaal niet vast of dat voor andere elektromagnetische stralingstypen ook zo is. Overal in ons zonnestelsel komen sterke magnetische velden voor en de atmosfeer van de aarde staat onophoudelijk bloot aan het bombardement van de zonnewind, een stroom elementaire deeltjes afkomstig van

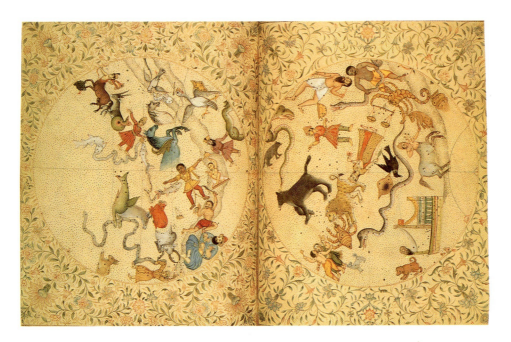

Sterrenkaarten
In de oudste beschavingen beschikte men al over kaarten van de sterren. Primitieve kalenders waren gebaseerd op waarnemingen van de hemel, die werden geordend aan de hand van gemakkelijk te herkennen sterrengroepen. Met deze sterrengroepen werden vertrouwde dieren of mythologische figuren geassocieerd. Ptolemaeus heeft later meer dan duizend sterren in achtenveertig constellaties ondergebracht. De Griekse astronomie is via in het Sanskriet geschreven handschriften in India terechtgekomen, waaronder sterrenkaarten als de hier afgebeelde. Het systeem van Ptolemaeus vormt de grondslag van de moderne cartografische weergave van de sterren.

de zon. De zonnewind en de magnetische velden van de planeten in ons zonnestelsel lijken elkaar op uiteenlopende subtiele maar nog slecht begrepen manieren te beïnvloeden. De achtergrondstraling in de ooit als leeg bestempelde ruimte, wordt nu gezien als een overblijfsel van de 'oerknal', die aan de schepping ten grondslag ligt. Kortom, het argument dat er geen wetenschappelijk aantoonbare mechanismen zijn die enige invloed van het hemelgewelf op het menselijk leven kunnen veroorzaken, wordt allengs minder plausibel – ook al omdat het vermogen van vissen, vogels en andere levensvormen zich te oriënteren op het magnetisch veld van de aarde betekent dat het zenuwstelsel van levende wezens wel eens hypergevoelig zou kunnen zijn voor elektromagnetische invloeden.

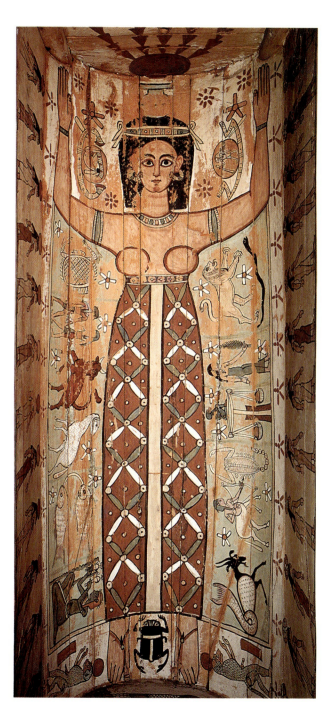

De luchtgodin
In de Egyptische mythologie was Nut de luchtgodin. Ze werd vaak voorgesteld als een vrouw met een uitgerekt lichaam die met haar vingertoppen en tenen de aarde aanraakte en zich over de aarde boog en zo het hemelgewelf vormde. De melkweg werd gezien als haar met sterren bezaaide buik. Nut werd de beschermster van de doden en haar beeld is vaak op de binnenkant van het deksel van sarcofagen aangetroffen. Deze houten grafkist van begin 2de eeuw na Chr. toont Nut omringd door de tekens van de dierenriem terwijl ze beschermend over het gemummificeerde lichaam waakt.

De vuurtekens

Ram
21 maart - 19 april
Symbool: Ram
Heerser: Mars

Ram is vuur in zijn primitieve vorm: impulsief, energiek, dynamisch, initiërend, onderzoekend, maar in potentie onbeheerst en destructief. De energie van Ram moet met een externe kracht in goede banen worden geleid en dat doet Mars, de heerser van dit teken en symbolisch voor zelfbewustzijn en dat wat iemand van anderen onderscheidt. De glief voor Ram (onder) verwijst naar zijn hoorns of naar de neus en wenkbrauwen van een mens, symbolisch voor de individualiteit van de mens.

De eigenschappen van de Ram zijn algemeen bekend: moedig en heftig buigt hij zijn kop en stormt vastbesloten af op alles wat zijn aandacht heeft getrokken. De voortrazende Ram is bovendien symbolisch voor de eerste groeiexplosie aan het begin van de lente. Ram is de vernieuwing van de zonneënergie en wordt traditioneel als het eerste teken van de dierenriem gezien. De Arabische astronoom Aboemasar geloofde dat de schepping plaatsvond toen Zon, Maan, Mercurius, Venus, Mars, Jupiter en Saturnus ergens aan het firmament op nagenoeg dezelfde plaats in Ram stonden.

Leeuw
23 juli - 21 augustus
Symbool: Leeuw
Heerser: Zon

Leeuw is het beheerste vuur dat met een constante gloed brandt en iedereen die ermee in contact komt verlicht en verwarmt. Leeuw symboliseert leven, kracht, vitaliteit, koninklijke waardigheid, trots en moed. Leeuw is de koning der dieren en wordt geregeerd door de sterkste planeet die er is: Zon. Leeuw staat voor een meer constante, meer duidelijke vorm van gezag dan Ram en wordt bovendien geassocieerd met ambitie, die in extreme gevallen echter tot tirannie kan worden. Leeuw is een van de meest gebruikte symbolen van macht, mannelijkheid en leiderschap, wat onder meer blijkt uit de talloze wapens waarin een leeuw voorkomt.

Leeuw, een vast teken, houdt de hitte in hartje zomer vast, zodat de gewassen kunnen rijpen. Het teken Leeuw staat daarom voor de levenschenkende, alleziende Vader in het middelpunt van de dingen waar alle energie en alle levenskwesties hun oorsprong vinden. De twee cirkels in de glief voor Leeuw (onder) symboliseren de band tussen de goddelijke wil en die van de mens.

De watertekens

Boogschutter
22 november - 21 december
Symbool: Centaur/Boogschutter
Heerser: Jupiter

Het derde vuurtype heeft dezelfde eigenschappen als de eerste twee, maar zuiverder en meer expliciet. Boogschutter is een initiatiefnemer als Ram, maar gerichter en verfijnder. De ambitie en overheersing van Leeuw richt hij op meer spirituele, minder egoïstische doelen. De onsterfelijke centaur staat voor de combinatie van hogere geestelijke vermogens met de lichamelijke kracht van het paard. Het teken voor Boogschutter (onder) symboliseert de morele grondslag waarop de beschaving kan zijn gebouwd, de pijl van de inspiratie.
Boogschutter duidt op een doelgerichte instelling, het vermogen het doel te raken – pijl en boog zijn symbolen van macht. Net als Ram en Leeuw duidt het teken Boogschutter op leidinggevende kwaliteiten, maar het wordt ook geassocieerd met ontvankelijkheid en openstaan voor de behoeften en ideeën van anderen. Boogschutter staat voor een vorm van rusteloosheid die teruggaat op de onderzoekende aanleg van Ram en de eigen zoekende, spirituele mentaliteit. Boogschutter is het laatste teken voor Nieuwjaar en markeert de overgang van herfst naar winter.

Vissen
20 februari - 20 maart
Symbool: Twee vissen
Heerser: Neptunus/Jupiter

Water is diep, geheimzinnig en soms doodstil en rustig: in de moderne psychologie symboliseert water de energie van het onbewuste. Zoals Ram vuur in zijn primitieve vorm is, zo is Vissen water in zijn meest vloeibare gedaante. Het karakter van Vissen is emotioneel, gevoelig, vaag en onwerelds. Hij kan verwijlen in een mysterieuze droomwereld en wordt door het onbekende aangetrokken. Maar tegelijkertijd is het karakter van Vissen net als water hoogst plooibaar en kan hij zich aan de meest veeleisende situaties aanpassen. Water geeft aan dat men naar andere mensen 'toestroomt' en ook dit is een aspect van Vissen: een vriendelijk, mededogend karakter dat kwetsbaar kan zijn.
   Het teken Vissen hoort bij een jaarperiode waarin de regen aan het eind van de winter en het begin van de lente de aarde voorbereidt op de explosie van activiteit in de lente (Ram).
   Op het eenvoudigste niveau verbeeldt het onderstaande teken gewoon twee vissen. Een meer esoterische interpretatie luidt dat de ene boog symbolisch is voor het eindige bewustzijn van de mens en de andere voor het bewustzijn van het universum. De lijn die de twee bogen in het midden deelt is de aarde, het punt waar de spirituele en materiële levenssfeer elkaar raken.

Kreeft
23 juni - 23 juli
Symbool: Kreeft
Heerser: Maan

Kreeft is de rustiger, meer beheerste vorm van water. Als Vissen is Kreeft gevoelig, hartelijk en emotioneel, maar minder kwetsbaar in relaties met anderen en meer bereid tot sociale contacten. Kreeft wordt geregeerd door de Maan en heeft iets opvliegends, maar ook de diepgang van alle watertekens.

Andere eigenschappen van Kreeft zijn zijn onafhankelijke geest, degelijkheid, rust, helderheid en betrouwbaarheid. Rust wijst op een voorkeur voor traditie, maar Kreeft heeft, als alle watertekens, ook een sterke fantasierijke, intuïtieve kant.

Kreeft is de Wereldmoeder: in de Griekse mythologie heeft Hera, de moedergodin, Kreeft zijn plaats in de hemel gegeven. Kreeft hoort bij een van de belangrijkste gebeurtenissen in het jaar: de zomerzonnewende. Oude filosofen stelden Kreeft gelijk aan de 'mensenpoort' waardoor de ziel uit de hemel afdaalde en het menselijk lichaam binnenging. Het teken voor Kreeft (onder) symboliseert de vereniging van het mannelijke en vrouwelijke principe (sperma en eicel).

Schorpioen
23 oktober - 21 november
Symbool: Schorpioen/Adelaar
Heerser: Mars/Pluto

Schorpioen, het meest diepgaande en emotionele teken van de dierenriem, kent de rust van alle watertekens, maar ook de ongekende kracht van zelfdiscipline. Schorpioen is naar binnen gericht en beschikt over de intuïtieve eigenschappen van Vissen en de vasthoudendheid en helderheid van Kreeft. Schorpioen is een gedreven en vaak teruggetrokken persoon, die vasthoudend zijn doelen nastreeft.

Schorpioen kan andere steken, omdat hij zwakke plekken ziet of omdat hij inspireert. Adelaar combineert de vermogens van water en lucht en geeft aan dat spirituele transformatie mogelijk is en men de hoogte- en dieptepunten, die samenhangen met het zoeken naar zelfkennis, aankan.

Mars geeft Schorpioen een sterk gevoel van doelgerichtheid, terwijl Pluto jaloezie en bezitterigheid kan bijdragen. In de periode van het vaste teken Schorpioen treedt de herfst echt in. De dieren trekken zich terug voor hun winterslaap waaruit ze vernieuwd zullen ontwaken. Het teken voor Schorpioen (onder) symboliseert de mannelijke geslachtsorganen en completeert de halve slang, gesymboliseerd door Maagd (zie blz. 167).

De luchttekens

Waterman
21 januari - 19 februari
Symbool: Waterdrager
Heerser: Saturnus/Uranus

Waterman is het element lucht in zijn meest vrije en meest doordringende vorm. Waterman heeft iets universeels, waardoor hij graag anderen helpt en goede daden verricht. Eigenlijk is Waterman het meest menselijke teken van de dierenriem: mededogend, sociaal voelend, visionair, hoopvol en met een zeker besef van een gemeenschappelijk doel. Ondanks zijn sociale instelling, is hij ook enigszins terughoudend, wat voor een deel aan de aanwezigheid van Saturnus moet worden toegeschreven.

Het water dat Waterman draagt, is het water van de kennis en symboliseert het verlangen naar leren en het delen van verworven kennis. De twee kronkellijntjes die de glief voor Waterman vormen (onder) kan men zien als de slangen der wijsheid (intuïtie en rationaliteit) of als golven in het water van het bewustzijn, dus als communicatie. De dorst van Waterman naar kennis wordt mede gevoed door Uranus, de medeheerser van dit teken. Uranus zorgt bovendien voor een oorspronkelijk en inventief trekje, een zekere voorkeur voor wetenschap en technologie, en een heldere aanpak van problemen.

Tweelingen
22 mei - 23 juni
Symbool: De hemelse tweeling
Heerser: Mercurius

Waterman is het zoekende, alles doordringende aspect van het element lucht. Tweelingen daarentegen staat voor de veranderlijke, grillige, mercuriale kant van lucht. Tweeling wordt soms het meest kinderlijke teken van de dierenriem genoemd. Tweeling heeft een grote behoefte aan contact met anderen. Het teken Tweelingen symboliseert tegenstellingen, een neiging om tegengestelde extremen op te zoeken. De plooibare Tweeling is tevreden met zijn paradoxale aard. Als alle luchttekens voelt Tweeling zich sterker verbonden met zijn verstand dan met zijn emoties.

Het symbool voor het teken Tweelingen (onder), een Romeinse II, staat traditioneel voor dualiteit. De Spartanen gebruikten het om naar hun tweelinggoden te verwijzen als ze op het punt stonden ten strijde te trekken. Het wijst op de vereniging van twee zielen (een intuïtieve en rationele) waardoor de creativiteit toeneemt, en op de eenheid van verstand en geest.

De aardetekens

Weegschaal
23 september - 22 oktober
Symbool: Balans
Heerser: Venus

Steenbok
23 december - 19 januari
Symbool: Geit
Heerser: Saturnus

Het symbool duidt er al op dat Weegschaal sterk wordt geassocieerd met rechtvaardigheid. Weegschaal combineert de humane instelling van Waterman met de nieuwsgierigheid van Tweelingen, maar weet het evenwicht tussen deze twee en andere eigenschappen te bewaren. Als de andere luchttekens belichaamt Weegschaal intellect, maar door zijn aangeboren neiging naar evenwicht laat hij zijn intuïtie niet door zijn ratio overheersen. Weegschaal personifieert bovendien het evenwicht tussen lichamelijkheid en spiritualiteit.

Venus is de heerser van Weegschaal, waardoor dit teken wordt verrijkt met schoonheid, orde en een gevoel voor harmonie dat de grondslag voor een vredestichtende mentaliteit vormt. De negatieve kant van Weegschaal is dat hij besluiteloos kan zijn.

Het teken voor Weegschaal (onder) verwijst naar de zon, die aan de horizon verdwijnt als de nacht over het jaar valt. De bovenste symboliseert hogere geestelijke vermogens, de onderste lijn verbeeldt het materiële bestaan.

Steenbok draagt de kern van het element aarde uit en staat voor stabiliteit en structuur, wat hem voorzichtig, ordelijk en praktisch maakt. Maar de geit symboliseert ook eigenzinnigheid of meer positief gezien vastbeslotenheid en zelfdiscipline.

Saturnus zorgt voor een kalmerende invloed en een doelbewuste, serieuze aanpak – de basis van geleerdheid. Saturnus zorgt ook voor een zekere voorkeur voor een solitair leven en soms een ook wat donkere, onderdrukte kant. De mystieke kant van Steenbok zal hoogstwaarschijnlijk naar buiten komen als interesse voor aardse raadselen en verborgen natuurkrachten. Het oorspronkelijke symbool van Steenbok (de geitvis in plaats van de klimgeit) was een mythisch wezen, dat toegang had tot de hoogste wijsheid, omdat het kon beschikken over alle aardse bronnen: land en zee. Het teken (onder) symboliseert het dualisme tussen land en zee.

In de tijd van Steenbok geeft de aarde zich aan de winter over en kijkt het leven naar binnen als voorbereiding op de lente. Het is de tijd waarin de winterse zonnewende plaatsvindt en Steenbok de 'poort tot de goden' is, omdat de zon weer begint te klimmen.

DE AARDETEKENS

Stier
20 april - 19 mei
Symbool: Stier
Heerser: Venus

Stier is het meer zichtbare, vitale aspect van het element aarde. De koppigheid van Steenbok uit zich bij Stier niet als een defensieve instelling maar als moed en kracht. Stier is heftig, moeilijk en vastbesloten, maar op andere ogenblikken kan hij zijn betrouwbare, competente kant tonen.

De invloed van Venus (heerser) betekent dat Stier een scherp oog heeft voor natuurlijke schoonheid. Venus zou medeverantwoordelijk zijn voor een sterke seksuele drijfveer, wat in combinatie met het aardse aspect en de vruchtbaarheid van de stier leidt tot een sterke behoefte aan sensualiteit, die alleen nog in de hand wordt gehouden door de natuurlijke behoedzaamheid die dit teken kenmerkt. Stier heeft een jaloerse en bezitterige kant, maar generositeit en vriendelijkheid zijn hem evenmin vreemd.

Het symbool van Stier (onder) bestaat uit een volle en een halve maan. De volle maan staat voor de hemelse moeder en de principes van groei en vruchtbaarheid, terwijl de omgekeerde halve maan wijst op het verwerven van materiële bezittingen. Stier stelt de mens voor die aan de aarde gebonden is. Stier hoort bij het hoogtepunt van de lente en symboliseert daarom de volle ontplooiing van de creatieve natuurkrachten.

Maagd
22 augustus - 22 september
Symbool: Maagd
Heerser: Mercurius

Dit is het teken van de praktijk. Terwijl Steenbok wordt geassocieerd met de ruimten in de aarde en Stier met het aardoppervlak, houdt Maagd zich meer bezig met hoe de aarde is gemaakt en hoe zij kan worden gebruikt. Maagd staat voor transformatie, het ontleden van de aarde om haar wezen te bestuderen en vervolgens het kneden en veranderen van de aarde om haar aan de behoeften van de mens aan te passen.

Maagd is analytisch en kan pietluttig kritisch zijn, zelfs zo dat ze alle minnaars verwerpt, omdat ze feitelijk of in gedachten tekortschieten. Maagd kan anderen een ongemakkelijk gevoel geven, vooral als Mercurius met zijn rusteloosheid en zenuwachtigheid op de proppen komt. In positief opzicht wordt Maagd geassocieerd met betrouwbaarheid en oprechtheid, waarbij ze de kracht van de ruimten diep in de aarde combineert met de vruchtbaarheid en overvloed van het aardoppervlak. Maagd staat voor grote activiteit op het land – de mens plukt de vruchten van zijn arbeid.

Het teken voor Maagd (onder) is een symbool van de vrouwelijke voortplantingsorganen of het hoofd en een deel van het lichaam van een slang.

Tarot

Het tarotspel bestaat eigenlijk uit twee spellen: de *Grote Arcana*, een serie van tweeëntwintig unieke troefkaarten, en de *Kleine Arcana*, een spel dat slechts weinig van het moderne kaartspel verschilt: vier plaatjes (koning, koningin, ridder en schildknaap of prinses) in plaats van drie en als kleuren pentakels (munten), bekers, staven en zwaarden. Waarschijnlijk waren er oorspronkelijk twee verschillende tarotspellen, die ooit zijn samengevoegd omdat ze hetzelfde doel dienden.

De oorsprong van tarot blijft een mysterie. Men heeft geprobeerd aan te tonen dat het spel uit oude beschavingen als die in Egypte, India of China afkomstig zou zijn. De één beweert dat de Arabieren het tarotspel naar Europa hebben gebracht, de ander gunt deze eer aan zigeuners (Roemenen). Een andere theorie is dat de Kleine Arcana in ieder geval ten dele is terug te voeren op onbekende, met de Hindoe-god Visjnoe verband houdende kaartspellen, die nog voor de 15de eeuw door Venetiaanse handelaren mee naar huis zijn genomen. Visjnoe wordt veelal afgebeeld met vier handen waarin hij een schijf, lotus, stok en schelp houdt, symbolen van de goddelijke kracht van de volharding (*karma yoga*), liefde (*bhakti yoga*), wijsheid (*gana yoga*) en het zelfinzicht (*raja yoga*). Deze vier symbolen kunnen aan de vier kleuren van de Kleine Arcana ten grondslag liggen.

Als dit zo is, zijn de kaarten van de Kleine Arcana niet bedoeld als speelkaarten, maar als allegorische voorstellingen van de reis van de ziel naar spirituele verlichting via vier parallelwegen. Op deze reis klimt men via de genummerde kaarten en de vier plaatjes naar een steeds hoger niveau en bereikt uiteindelijk het koninklijke niveau.

Speelkaarten
'Les tarots' heette een Frans kaartspel dat als voorloper van het bridgespel geldt. De Italiaanse tegenvoeter werd tarocchi genoemd. Het hier afgebeelde tarocchi-'dek' is eind 19de eeuw ontworpen en bevat tevens de Grote Arcana, kaarten 12-21.

De Grote Arcana, waarschijnlijk ook via Venetië uit het Oosten naar Europa gekomen, is mogelijk ontworpen om een meer esoterische en spirituele route te laten zien, waarin de vier wegen van de Kleine Arcana zijn geïntegreerd. Hoe en waar de twee spellen tot één zijn samengevoegd, blijft onbekend. Het kan zijn dat occultisten in Noord-Italië de overeenkomst tussen beide spellen zagen en ze als alternatieven hebben gebruikt, waardoor ze in de loop der jaren steeds sterker met elkaar werden geassocieerd totdat er geen verschil meer bestond. Het is zeker dat de kaarten vele wijzigingen hebben ondergaan voordat ze uiteindelijk ongeveer hun huidige vorm hebben gekregen.

Het eerste tarotspel dat op de huidige versies lijkt, werd in 1415 voor de hertog van Milaan gemaakt, alhoewel sommigen beweren dat de zeventien tarotkaarten in de Parijse Bibliothèque Nationale afkomstig zijn van een spel dat in 1392 voor Karel VI van Frankrijk is gemaakt. Welk van de twee spellen het oudste is, doet er niet toe, zeker is dat vanaf begin 15de eeuw de kaarten zowel in Frankrijk als Italië veel werden gebruikt en het spel zich van daar verder over Europa heeft verspreid. Het oorspronkelijke doel van de kaarten werd op den duur overschaduwd door hun functie als speelkaarten, en omdat de Grote Arcana daarvoor te ingewikkeld was, zijn deze 'troefkaarten' uit het moderne kaartspel verdwenen.

Velen geloven dat de oorsprong van het tarotspel teruggaat op de universele kennis die de Egyptische god Thot heeft geformuleerd voor zijn volgelingen die magie wilden leren. Geïnspireerd door deze theorie heeft een Parijse pruikenmaker, die zichzelf Etteila noemde, zijn

Tarot van Waite
Waite's tarot (ook wel 'Rider' tarot) heeft het moderne tarotspel in veel opzichten op zijn kop gezet. Het spel ontworpen door Arthur Edward Waite, lid van de Hermetische Orde van de Gouden Dageraad (zie blz. 144) en geschilderd door Pamela Coleman, is een voorbeeld voor vele versies daarna geweest. Op de kaarten van de Kleine Arcana staan taferelen in plaats van het aantal staven, zwaarden, enz. en daardoor heeft de duider van de kaarten aanzienlijk meer mogelijkheden. Dit is een van de redenen voor de wereldwijde populariteit van Waite's tarot, hoeveel andere tarotspelen er in deze eeuw ook zijn ontworpen.

werkelijke naam achterstevoren, zijn eigen tarot voor waarzegdoeleinden vervaardigd. Midden 19de eeuw heeft Eliphas Lévi, het occulte pseudoniem van Alphonse Louis Constant, Etteila's ideeën tot een volledig systeem uitgewerkt op grond van Egyptische beelden en bepaalde aspecten van de kabbala.

Hoewel de interpretatie van Lévi op dubieuze uitgangspunten berustte, kunnen de kabbalistische trekjes van tarot niet worden ontkend. De tweeëntwintig letters van het Hebreeuwse alfabet corresponderen met de tweeëntwintig kaarten van de Grote Arcana. De vier kleuren van de Kleine Arcana kunnen worden gezien als symbolen van de vier kabbalistische 'werelden', de vier stappen waarin God de wereld heeft geschapen. De theorieën van Lévi hebben een sterke invloed gehad op Arthur Edward Waite (boven), die een van de populairste moderne tarotspelen heeft ontworpen.

De Grote Arcana is een van de allerintrigerendste symboolstelsels dat mysteriën uit het verleden combineert met een ingewikkelde en krachtige blauwdruk van innerlijke groei. Wie tijd besteedt aan tarot en nadenkt over de beelden, begint aan een zelfontdekkingsreis die tot ingrijpende veranderingen kan leiden. De tweeëntwintig kaarten van de Grote Arcana vormen een symbolische samenvatting van de menselijke natuur. Ze kunnen onder meer worden gezien als een poging de samenstellende factoren van de menselijke persoonlijkheid te ordenen – en dat meer dan vijfhonderd jaar voor de inspanningen van de moderne psychologie.

Het gebruiken van de tarotkaarten

Om met de Grote Arcana zelfkennis te verwerven, dient men eerst na te denken over de betekenis van de tweeëntwintig kaarten. Leest u eerst hun beschrijvingen op de volgende bladzijden. Verdiep u in de kaarten. Pak de eerste kaart en denk de komende dagen veel over deze kaart na. Zet haar op een opvallende plaats en bekijk haar zo vaak mogelijk. Het beeld moet diep in uw geest gegrift staan, zodat u het in gedachten in elk detail voor u kunt zien en vast kunt houden als u 's avonds in slaap valt. Het maakt niet uit of u tegen een bestaand beeld praat of tegen een aspect van uw bewustzijn. Spirituele arbeid met symbolen leidt alleen tot resultaten als we onszelf niet langer kwellen met het zoeken naar logische verklaringen. Het beeld is er gewoon. Het bestaat op zijn eigen niveau. Laat het beeld het werk voor u doen.

Dit doet u met alle tweeëntwintig kaarten. Houd u aan de natuurlijke volgorde, dus begin bij de Dwaas en eindig bij de Wereld. Laat u niet beïnvloeden door enige voorkeur voor bepaalde kaarten, stel vast dat u voorkeuren hebt en laat het daar bij. Iedere kaart heeft een functie en daarom mag u een kaart als 'goed' en als 'slecht' zien.

Sommige kaarten zullen meer tijd vragen dan andere, maar na verloop van tijd zal elke kaart inzichten in u zelf losmaken. Sommige inzichten zullen vrij scherp zijn, alsof u dat deel van uzelf al kent en hebt verwerkt, andere vager. Als u dit opmerkt, heeft u al een belangrijke ontdekking gedaan. Zodra u voelt dat een kaart u op dat ogenblik niets meer heeft te vertellen, pakt u de volgende, maar haast is volstrekt uit den boze. Blijf bij een kaart totdat u ervan overtuigd bent de boodschap te hebben begrepen. Het natekenen of schilderen van de kaart kan een directere invloed op uw onbewuste uitoefenen. Als u zich de kaart met gesloten ogen kunt voorstellen, gaat u ontspannen rechtop zitten en mediteert over de kaart – geef afleidende gedachten geen kans. Zodra u zich volledig op de kaart kunt concentreren, stelt u zich voor dat het kader rondom het beeld een deurpost is waardoor u naar de afgebeelde scène kijkt. Ga naar binnen en neem plaats in het tafereel. Merk op dat de gebeurtenissen nu, als in een droom, een eigen leven kunnen gaan leiden. Laat het tafereel zich rond u ontvouwen en wacht af wat er gebeurt.

Nadat u de tweeëntwintig kaarten op deze manier hebt doorgenomen, zult u al veel meer inzicht hebben in allerlei aspecten van uzelf. Analyseer uw inzichten. Zijn er aspecten die duidelijk onderontwikkeld zijn en meer vrijheid nodig hebben? Zijn er aspecten waarvoor u zich schaamt? Zijn er aspecten die duidelijk sterke kanten vertegenwoordigen en waaraan u best meer ruimte zou mogen geven?

Wellicht is het u opgevallen dat iedere volgende kaart de inzichten van vorige kaarten 'meeneemt'. Alle kaarten hebben een bepaalde rol, maar de volgorde waarin u ze bekijkt is essentieel. Het heeft weinig zin met kaart 1, de Magiër, te beginnen als u in uzelf niet de naïveteit (het 'niet-weten' van het Zenboeddhisme) hebt opgemerkt, zoals gesymboliseerd door kaart 0, de Dwaas. En het heeft weinig zin aan de Hogepriesteres te beginnen als u in uzelf de Magiër, uw eigen veranderingsenergie, nog niet heeft herkend.

Waarzeggen

De meeste mensen kennen de Grote Arcana vooral als een waarzegmethode. Soms wordt daar ook de Kleine Arcana bij betrokken. De kaarten worden geschud, volgens een bepaald patroon blind neergelegd en dan een voor een opengedraaid. Ze kunnen informeren over iemands karakter of adviseren ten aanzien van problemen of inzicht geven in de toekomst. Wanneer u tarot voor waarzegdoeleinden gebruikt, moet u niet uit het oog verliezen dat esoterische mensen eigelijk een hogere waarde aan tarot toeschrijven. Waarzeggen betekent dat de waarzegger iedere kaart duidt, maar door studie en meditatie kan de kaart haar volledige betekenis duidelijk maken. Bij de navolgende beschrijving van de kaarten van de Grote Arcana worden van elke kaart ook enkele waarzegbetekenissen gegeven, maar wie ze voor waarzeggen wil gebruiken, moet eerst zelf het hierboven beschreven proces doormaken, zodat iedere kaart in zijn geest tot leven is gekomen. Het hoeft eigenlijk niet te worden vermeld dat men het beste voor zichzelf kan waarzeggen in plaats van dat door anderen te laten doen.

Voor waarzegdoeleinden moet u elke keer als u de stok snijdt, enkele kaarten in uw hand 90 graden draaien. Elke kaart die in het legpatroon wordt omgedraaid en ondersteboven blijkt te liggen, vertegenwoordigt de negatieve aspecten van de kaart. In een legpatroon ondergaat iedere kaart bovendien de invloed van haar buurkaarten. Een positieve kaart kan dus worden afgezwakt door een negatieve (of ondersteboven liggende) kaart, terwijl een negatieve kaart kan worden afgezwakt door een positieve. Maar twee positieve kaarten kunnen elkaar neutraliseren als ze conflicterende informatie geven, hetzelfde geldt vanzelfsprekend voor twee negatieve kaarten. Vergeet nooit dat de kaarten op vragen over de toekomst alleen met advies antwoorden en niet weergeven wat er onvermijdelijk zal gebeuren. Niets wat de kaarten onthullen is onvermijdelijk; negatieve kaarten dient u te zien als een waarschuwing en niet als een indicatie voor ongeluk.

O. De Dwaas

In de middeleeuwen werd de dwaas niet algemeen als een sul gezien. Als hofnar kon hij bogen op een naïeve wijsheid, die hem soms verstandiger maakte dan anderen en bovendien mocht hij de hofregels overtreden. Hij stond buiten het systeem, werd bespot, maar was op een rare manier ook bevoorrecht. De dwaas was, à la Socrates, wijs genoeg om te weten dat hij niets wist. Hij had geen last van een overdreven hoeveelheid vooropgezette meningen en definities. Hij zag alles zoals het was. In het tarotspel vertegenwoordigt de Dwaas het deel van onszelf dat wijs genoeg is om met verwondering het mysterie van de schepping te aanschouwen en moedig genoeg om op onderzoek uit te gaan. De Dwaas is de enige kaart in de Grote Arcana die geen cijfer en geen vaste rangorde heeft. Hij symboliseert het aspect van onszelf dat kijkt naar de gedachten, gevoelens en dromen die in ons binnenste een schaduwspel spelen. Hij heeft maar heel weinig eigendommen en een pelgrimsstaf. Hij wordt in zijn been gebeten door een vreemd beest (soms een kat of hond), symbolisch voor de motivatie die we voelen als we de aard van de werkelijkheid ter discussie beginnen te stellen en hij is op weg naar het onbekende – de kern van ons wezen.

Betekenis: onvoorziene gebeurtenis of inspanning; onverwacht nieuw begin. Kan positief blijken als zij wordt geflankeerd door gunstige kaarten, anders mogelijk een verwijzing naar een onverstandige daad. *Ondersteboven*: onoverdachte dwaasheid.

I. De Magiër

Magie gaat in wezen over het transformatieproces. Zonder enige vorm van innerlijke magie, is het zelf in ons veroordeeld om voor altijd verborgen te gaan onder de verwarrende wereld van de emoties, lichamelijke behoeften en sociale conditionering. De Magiër (ook wel de Jongleur genoemd) staat voor dat deel van onszelf dat deze transformatie in gang zet.
Op de tafel voor de Magiër liggen werktuigen: kaarten met de kleuren pentakels, kelken, staven en zwaarden, die symbolisch zijn voor het bestaan, liefde, wijsheid en zelfkennis, en de vier elementen die niet alleen de wereld vormen, maar ook ons lichaam. Pentakels en kelken verwijzen bovendien naar de vrouwelijke, innerlijke, receptieve kant van het bestaan, terwijl staven en zwaarden de mannelijke, uiterlijke, doordringende kant symboliseren. Schepping is onmogelijk zonder de vereniging van het vrouwelijke en het mannelijke.

Betekenis: een voorzien of gepland nieuw begin. Zelfvertrouwen, wilskracht, bereidheid tot het nemen van risico's. *Ondersteboven:* wilszwakte, onvermogen nieuwe mogelijkheden te benutten.

II. De Hogepriesteres

Elk symboolsysteem van enige waarde herinnert ons eraan dat mannelijk en vrouwelijk gelijke, complementaire kanten van een universeel geheel zijn. Alleen als we dit inzien, kunnen we op maatschappelijk en persoonlijk niveau tot een aanvaardbaar evenwicht komen.
De Hogepriesteres staat voor het verborgen, mystieke, ontvankelijke vrouwelijke principe dat wacht op de energie van het openlijke, actieve, mannelijke beginsel. In de Oudheid werd de priester-koning, de heer van de zichtbare wereld, in evenwicht gehouden door de hogepriesteres, de heerseres van de onzichtbare wereld. De ontwikkelingsweg die de Grote Arcana vertegenwoordigt, kunnen we alleen doorlopen als we inzien wat de Hogepriesteres voor onszelf betekent. Ze zit daar, raadselachtig en knap, en houdt het boek der wijsheid op haar knie. Zij is het orakel en weet antwoorden op alle vragen.

Betekenis: intuïtief inzicht, creatieve vermogens, onthulling van het verborgene. *Ondersteboven:* emotionele instabiliteit, onderworpenheid aan een vrouw, gebrek aan inzicht.

III. De Keizerin

De Hogepriesteres toont één aspect van de vrouwelijke kracht, de Keizerin wijst op een ander. De Keizerin is de vruchtbaarheid van de moeder, de aardmoeder die heerst over de schepping en het lot van zonen en dochters. Ze heeft op haar hoofd een diadeem als symbool van de geschenken die we bij onze geboorte krijgen en op haar schild is een adelaar afgebeeld, wat symbolisch is voor de hemel en de zon en voor talloze positieve eigenschappen, waaronder moed en helderheid.
De Keizerin is niet mysterieus maar open en spreekt tot degenen die de waarheid zoeken. Ze vertegenwoordigt het bewustzijn en verenigt materie en geest. Haar scepter laat zien dat ze regeert over hemel, aarde en de wereld daartussen, hoewel het slechts een symbool is: alleen door de feitelijke vereniging met het mannelijke kan het volledige geheim van de macht van de Keizerin worden onthuld, zowel op mystiek niveau als op dat van de aardse moeder.

Betekenis: vruchtbaarheid, overvloed, groei, kracht van de natuur, comfort en veiligheid. *Ondersteboven:* verarming, stagnatie, ontreddering thuis.

IIII. De Keizer

De volgende twee kaarten staan voor de mannelijke kant van de mens. De Keizer is het archetype van de mannelijke vermogens: kracht, leiderschap en prestaties. In zijn hand heeft hij de fallische symbolen van mannelijke energie, de rijksappel en de scepter, die er bovendien op wijzen dat hij de wereld kan leiden. Binnen de materiële wereld waarover de Keizer heerst, bestaat een spirituele wereld, die alleen kan worden gevonden als het mannelijke zich met het vrouwelijke verenigt, gesymboliseerd door de cirkel die de scepter bekroont. De Keizer en de Keizerin staan voor complementaire aspecten van een goddelijke eenheid.

Anders dan de Keizerin draagt de Keizer in sommige tarotspellen een harnas, de wapenrusting van de man die hem in wereldse gevechten beschermt, maar hem tegelijkertijd belet zijn kwetsbaarheid, gevoelens en zwakkere zelf te tonen. Zolang men dit niet inziet, blijft het mannelijke principe altijd defensief, niet in staat zich bloot te geven.

Betekenis: moed, zelfbeheersing, ambitie, leiderschap, kracht. *Ondersteboven*: gebrek aan ambitie, zwakheid, onderdanigheid, verlies van invloed.

V. De Priester (Hiërofant)

De Priester of Hiërofant, soms de Paus genoemd, staat voor mannelijke energie die vorm krijgt als spirituele kracht, het vrouwelijke in het mannelijke. Hij zit gelijk de Keizer op een troon, maar de macht over zijn lotgenoten, voorgesteld door de priesters aan zijn voeten, is gebaseerd op gehoorzaamheid, niet op dwang. De mannelijke kant is nog steeds symbolisch voor de externe, exoterische vorm van spiritualiteit, terwijl de vrouwelijke kant staat voor innerlijke en esoterische spiritualiteit. De Hiërofant draagt het rode gewaad van de uiterlijke macht, maar onder het rode gewaad is een blauw gewaad (symbolisch voor innerlijke kracht) zichtbaar. Op zijn hoofd draagt de Priester een drielagige kroon, want hij regeert op drie niveaus: lichamelijk, intellectueel en goddelijk. De symboliek van de drie komt terug in het drievoudige kruis in zijn linkerhand, wat verwijst naar de mysteriën van het Opperwezen, zoals geopenbaard in de Drieëenheid.

Betekenis: kennis, wijsheid, stimulerende hulp, verstandige raad. *Ondersteboven*: verkeerde informatie, smaad, slecht advies.

VI. De Geliefden

In veel tarotspellen toont deze kaart een man die wordt geflankeerd door twee vrouwen, de een zuiver en respectabel, de ander mooi en wellustig. Cupido richt zijn pijl op een van de drie. De symboliek is duidelijk: ziet men in dat op innerlijk niveau het mannelijke met het vrouwelijke moet worden verenigd, dan moet men een keuze maken voor een van de twee gedaanten van het vrouwelijke: maagdelijk en heilig (de Priesteres) of vruchtbaar en materieel (de Keizerin).

In het spel van Waite zien we een naakte man en vrouw met boven hun hoofd een gevleugelde, androgyne figuur – symbolisch voor het versmelten van de volledig geïntegreerde man met de volledig geïntegreerde vrouw. De gevleugelde figuur is het deel van het innerlijk dat het mannelijke en vrouwelijke te boven gaat en zorgt voor en voortkomt uit de vereniging van polaire tegenstellingen.

Betekenis: aantrekking, liefde, relaties, naderende keuze. *Ondersteboven*: besluiteloosheid, relatieproblemen, afkeer.

VII. De Wagen

De wagenmenner (in oude kaartspellen vaak een vrouw) heeft iets androgyns. Het borstschild is het harnas van de man, maar op zijn schouders zien we maansymbolen. De wagenmenner is op weg naar de sterren, naar de macrokosmos, wat in sommige spellen wordt benadrukt door sterren rondom en boven zijn hoofd en vleugels aan de voorkant van zijn wagen. De kaart van Waite toont op de achtergrond een ommuurde stad met kantelen, maar de wagenmenner kijkt de andere kant op: hij wendt zich af van de materiële wereld en tijdelijke macht.
De Wagen wordt in sommige versies door twee paarden getrokken en in andere door twee sfinxen, waarvan de ene een mannetje is en de ander een vrouwtje, symbolisch voor alwetendheid en alwijsheid.

Betekenis: verdiend succes, goede vooruitgang, terechte beloning. *Ondersteboven*: egocentrisme, ongevoeligheid, medogenloosheid, vooruitgang ten koste van anderen.

VIII. Gerechtigheid

MacGregor Mathers, grondlegger van de Hermetische Orde van de De Gouden Dageraad (zie blz. 144) heeft de positie van deze kaart (oorspronkelijke kaart XI) verwisseld met die van de Kracht (zie daar).
Er bestaat een duidelijke relatie tussen Gerechtigheid, in alle versies een vrouw, en Kracht. Kracht toont de overwinning van externe krachten (gesymboliseerd door de leeuw), terwijl Gerechtigheid laat zien dat de overwinnaar die krachten verwerkt. Gerechtigheid draagt het rode gewaad van de wereldse macht en houdt een zwaard en balans in haar handen. In het tarotspel staat het zwaard voor spiritueel inzicht, niet voor wraak. Gerechtigheid gebruikt haar zwaard alleen om wat het spirituele inzicht verhindert door te hakken. Met de balans kan ze alles op waarde schatten en het evenwicht tussen binnen en buiten, esoterisch en exoterisch bewaren.

Betekenis: bemiddeling, onderhandeling, overeenkomst, gezond oordeel. *Ondersteboven*: onrechtvaardigheid, vooroordeel, onenigheid.

VIIII. De Kluizenaar

Op één niveau verwijst de Kluizenaar naar de eenzaamheid van de spirituele speurtocht. De getoonde figuur is een grijsaard, omdat hij zijn jeugd – of eigenlijk de bezigheden van de jeugd – heeft opgeofferd. Ouderdom is echter ook een symbool van wijsheid, inzicht gebaseerd op ervaring, lijden en zelfontkenning. Op een ander niveau symboliseert de Kluizenaar volharding en het feit dat ieder mens onophoudelijk naar verlichting, innerlijke waarheid, zijn ware zelf moet zoeken.
In zijn rechterhand houdt de Kluizenaar een lantaarn waarvan het licht de vorm van een ster kan aannemen om ons door de duisternis te leiden. In zijn linkerhand houdt hij de pelgrimsstok, tevens de stok die onwetendheid uitbant.

Betekenis: discretie, stilte, behoefte aan persoonlijke ruimte of afzondering, zelf problemen kunnen oplossen, zelfvertrouwen. *Ondersteboven*: verwerping van anderen of advies, afzondering, koppigheid.

  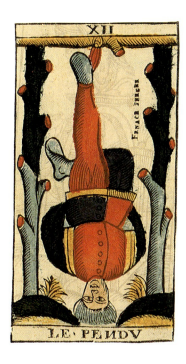

X. Het Rad van fortuin

Het rad staat voor beweging. Gewoonlijk denken we daarbij direct aan vooruitgang, maar eigenlijk keert ieder punt van het rad steeds weer op dezelfde positie terug. Maar iedere keer als we op een bepaald punt terugkeren, kunnen we rijker zijn geworden, omdat we de omloop van het rad hebben ervaren. Op een dag hebben we zoveel ervaring, dat we van het rad overstappen naar de grotere realiteit, waarvan het rad maar een beperkt deeltje is.
In veel versies van het tarotspel worden op het Rad van fortuin drie mystieke wezens afgebeeld. Links een naar beneden gaand schepsel (vaak gedeeltelijk een aap) dat door instincten wordt geregeld; het dier aan de rechterkant (vaak gedeeltelijk een haas) is intelligent en klimt naar de hemel; het schepsel boven (vaak gedeeltelijk een sfinx) symboliseert spirituele kennis. Waite heeft in zijn versie in de hoeken van de kaart de vier dieren uit het visioen van Ezechiël afgebeeld (zie Openbaringen).

Betekenis: geluk, grote gebeurtenissen, ingrijpende verandering van levens-omstandigheden. *Ondersteboven*: einde van een voorspoedige periode, verandering ten slechte.

XI. Kracht

In sommige versies wordt op Kracht een man in plaats van een vrouw afgebeeld, maar het gevecht met de leeuw is vrijwel algemeen.
De kaart laat zien dat Kracht kan worden gesymboliseerd door de ruwe kracht van de leeuw, maar dat er ook een hogere kracht is die zich op onstoffelijke wijze uit. Deze hogere kracht is de spirituele kracht, de onsterfelijke, onvernietigbare kracht in de mens, die het materiële te boven gaat en niet vatbaar is voor stoffelijke desintegratie. In de versie van Waite draagt de vrouw bloemenkransen en doet daardoor denken aan de symboliek van de Magiër en actieve creativiteit. Net als op de kaart van de Magiër staat bovenaan het levenssymbool. In andere versies dragen beide figuren een hoed in de vorm van een liggende acht, een symbool van oneindigheid en grenzeloos begrip.

Betekenis: verdiende overwinning op anderen of zelf, verzoening, benutte mogelijkheid. *Ondersteboven*: nederlaag, overgave aan lagere instincten of andere mensen, gemiste kans.

XII. De Gehangene

De Gehangene hangt ondersteboven: de traditionele straf voor schuldenaars. Maar zijn gezicht toont geen enkele zorg. Hij hangt aan een galg, waaraan in sommige varianten levensblaadjes groeien. De staanders en de dwarsbalk vormen samen het getal van de schepping: drie. De benen van de Gehangene tonen echter een vier, het getal van de voltooiing.
De Gehangene geeft aan dat men in harmonie met de wetten van het universum leeft en zich verzet tegen de wetten van de mens. Wat de kosten ook mogen zijn, wie verlichting zoekt moet zijn eigen weg tussen schepping en voltooiing gaan. Maar omdat Christus aan een 'boom' zijn leven heeft gegeven, symboliseert de Gehangene ook onzelfzuchtige liefde.

Betekenis: flexibiliteit, opoffering voor een ideaal, gevoelig voor intuïties, verwerping van ongewenste aspecten van gedrag of ego. *Ondersteboven*: niet succesvolle innerlijke strijd, negeren van intuïtie of continueren van ongewenste eigenschappen.

XIII. De Dood

De Dood is geen einde waarvoor men bang moet zijn, maar een noodzakelijk onderdeel van de levenscyclus: zonder dood geen leven. De Dood is daarom niet de laatste kaart, maar samen met de Gehangene een kaart die de overgang van de eerste helft van de troefkaarten naar de tweede helft markeert. Het opofferen van het ego, gesymboliseerd door de Gehangene, geeft ons de vrijheid de oversteek over de Styx te maken, de grens tussen de materiële en spirituele wereld. Het beeld van de Dood, een skelet met een zeis, symboliseert het scheiden en de bevrijding van het zelf van het lichaam, heeft bovendien het onheilspellende getal dertien. Maar sterven is een facet van iedere inwijding in de spirituele wereld. In alle mysteriegodsdiensten en sjamanistische tradities moet de inwijdeling een geheime plechtigheid doormaken, waarin hij 'sterft' en de donkere rivier oversteekt om wat daar ook achter mag liggen binnen te treden. De Dood drukt ons met onze neus op de ervaring van deze verandering.

Betekenis: een ramp die uitpakt als iets goeds, einde aan een bestaande negatieve situatie, ingrijpende innerlijke verandering.
Ondersteboven: traagheid, lethargie, stagnatie.

XIIII. Matiging

Na het trauma van de Gehangene en de Dood een symbool van vrede en rust. We zien dat Matiging de lege kan van de dood van het ego vult met het water van het nieuwe leven. Het ego verliezen betekent dat we ons ontdoen van dwalingen en trots en de gewoonte om ons te hechten aan of afkeer te voelen voor de voorbijgaande ervaringen van het materiële leven. Maar de plaats van het ego moet door iets anders worden ingenomen. We kunnen geen 'holle' mensen worden, die kwetsbaar zijn voor een nieuw ego dat zwelt van spirituele trots. De ware innerlijke werkelijkheid heeft nog geen tijd gehad ons helemaal op te vullen. Matiging geeft ons daarom de leeftocht die we nodig hebben om verder te kunnen gaan.

Betekenis: vaardig omgaan met ontstane of noodzakelijke omstandigheden, behoedzaamheid, gematigdheid. *Ondersteboven*: ongeschikte combinatie van omstandigheden, conflicterende belangen, overdaad.

XV. De Duivel

Zelfs na de dood van het ego en de ontvangst van het voedsel van Matiging blijven er nog valkuilen over. Het oversteken van de Styx brengt ons dan wel naar de wereld voorbij het ego, maar nog niet naar de 'hemel'. Eenmaal ontsnapt aan de 'veiligheid' van de tastbare maar toch illusoire materiële wereld, staan we oog in oog met de onderwereld en de hogere wereld.

De Duivel symboliseert de onderwereld. Hij heeft ons echter geen kwade boodschap te brengen, maar een beproeving. De Duivel bewaakt als het ware de kwaliteit. Hij heft zijn hand om de vooruitgang te stoppen en daagt ons uit dieper in onszelf te kijken. Zolang ons 'zelf' nog niet is gezuiverd en onze trots gematigd, kunnen we nog de weg van de persoonlijke macht kiezen.

Betekenis: uitdaging, heroriëntering of vertaling van fysieke energie naar meer geestelijke of spirituele activiteiten. *Ondersteboven*: onderdrukking van innerlijke zelf, verlangen naar materiële macht en voordelen.

XVI. De Toren

Als we niet slagen voor de test van de Duivel, wacht ons vernietiging. De kroon op onze prestatie staat op een gebouw dat instort door een bliksemflits (goddelijke rechtvaardigheid). De bliksem is echter niet angstaanjagend, maar goedaardig en zuiverend. De Toren (of het Huis van God) is evenmin negatief: hij symboliseert het afwerpen van nog overgebleven aspecten van het zelf, die de fundamentele eenheid van het bestaan kunnen ondermijnen.
In veel tarotversies vallen op deze kaart druppels uit de hemel, symbolisch voor de positieve energie die door vernietiging kan vrijkomen. Het is geen toeval dat deze kaart nummer zestien is. Eén plus zes is zeven en de Toren wijst terug naar kaart VII, de Wagen, en kan daarom vooruitgang en positieve daden symboliseren.

Betekenis: onverwachte uitdaging, plotselinge psychische omslag, emotionele bevrijding, zuivering van onderdrukte gevoelens.
Ondersteboven: vermijdbare ramp, verlies van evenwicht onder druk van gebeurtenissen, sterke onderdrukking van emoties.

XVII. De Ster

Na de Duivel en de Toren komen we nu in rustiger vaarwater. In veel versies toont de Ster de duidelijke band tussen deze fase in de reis en Matiging. Dit keer heeft de vrouwelijke figuur echter geen behoefte aan vleugels, want zij daalt niet uit hogere regionen af om de reiziger te ontmoeten. Integendeel, de reiziger heeft haar niveau bereikt.
Net als op de kaart Matiging worden hier twee kannen afgebeeld, maar de vrouw giet de inhoud van de ene niet in de andere.
De ene kan keert ze om in een plas water (het onbewuste), de andere in de aarde (het bewustzijn). In de heldere hemel staat een gouden ster die wordt omringd door zeven sterretjes. De overheersende symboliek wijst op hergeboorte. Door de Duivel en de Toren bevrijd van de laatste resten van ons ego, ervaren we nu onze wedergeboorte op hogere zijnsniveau's.

Betekenis: plotselinge verruiming van blikveld, nieuw leven en kracht, groot inzicht.
Ondersteboven: niet bereid blikveld te vergroten, gebrek aan vertrouwen en openheid, zelftwijfel.

XVIII. De Maan

De Maan is het vrouwelijke symbool bij uitstek en symboliseert onze mystieke kant.
De definitieve verzoening zal plaatsvinden tussen de twee fundamentele opposities die ons wezen vormen, het mannelijke en vrouwelijke, het bewuste en onbewuste, het externe en interne. De afgebeelde honden blaffen naar de maan, omdat ze haar ware aard niet kennen; ze symboliseren een innerlijke barrière die deze innerlijke verzoening in de weg staat. Een rivierkreeft, het lagere vrouwelijke element, welt uit de diepten van het onbewuste op en probeert uit onwetendheid het mannelijke element machteloos te maken. Maar het maanlicht laat zien dat alles uiteindelijk goed kan aflopen. De torens zijn alleen een obstakel voor degenen die, zo dicht bij het eind van de reis, terugschrikken voor het grote inzicht.

Betekenis: vertrouwen op intuïtie en verbeelding in plaats van rede; tijd voor zelfvertrouwen.
Ondersteboven: angst om veilige grenzen te overschrijden, verlies van moed, angst voor het onbekende.

XIX. De Zon

Zoals de maan het fundamentele symbool voor het vrouwelijke is, zo is de zon het fundamentele symbool voor het mannelijke. Kaart negentien toont de Zon in al haar pracht. In veel oudere tarotspellen vallen de zonnestralen op een man en vrouw (of een tweeling) die elkaar omhelzen. De vereniging is volledig en twee zijn één geworden. De gevoelens van vervreemding, scheiding en versplintering, die de grondslag van de onrust van de mens vormen, zijn eindelijk verdwenen.

De reis is echter nooit ten einde. De zon gaat iedere morgen weer op. De levenscyclus is eeuwig. Er zijn hogere niveaus dan de zon die men ook zal moeten bereiken, niveaus die het menselijk begrip ver te boven gaan. Nu is het echter tijd voor een onderbreking. We mogen genieten van de overwinning van de geest.

Achter de twee figuren zien we een muur, die niet in alle versies voorkomt maar hier enige schaduw geeft. De twee figuren kijken van de zon weg, omdat we nog niet zo ver zijn dat we de ultieme werkelijkheid in het gelaat kunnen kijken. Zelfs op dit niveau zijn we nog gescheiden van de ultieme werkelijkheid, die zo glorieus is dat we erdoor zouden worden overweldigd.

Betekenis: succes, prestatie, slagen ondanks tegenslag, veiligheid na gevaar, een eerlijke beloning. *Ondersteboven*: verkeerd oordeel, illusoir succes, met dubieuze middelen behaald succes wordt bekend.

XX. Het Oordeel

Nu we zover zijn gekomen, wacht ons nog een oordeel dat ons even goed terug kan sturen naar het begin. We zien een engelachtige figuur die op een trompet blaast en een graf dat zich kennelijk opent om de doden vrij te laten. Symboliseert deze kaart de Laatste Troefkaart, het ogenblik waarop de mens verantwoording moet afleggen? Of symboliseert zij de wederopstanding en wordt iedereen gered? Zo ja, wat is dan het verband met de voorgaande kaarten? Wil de kaart zeggen dat als één mens verlichting vindt daarmee heel de mensheid is gered, zoals christenen geloven dat Christus is gestorven om ieders zonden weg te nemen?

De laatste verklaring heeft de grootste symbolische kracht en past het best bij de opvattingen van vele van de grote spirituele tradities en de andere tarotkaarten. De engelachtige figuur vertegenwoordigt de volgende fase van de reis. Wie verlichting heeft gevonden, moet terugkeren en zijn medemensen inspireren. Hij heeft dezelfde missie als de bodhisattva in het boeddhisme die het nirvana heeft bereikt, maar weigert er binnen te gaan zolang niet alle mensen mogen binnenkomen.

Betekenis: herstel van de gezondheid, terechte trots op een prestatie, een nieuwe levensperiode. *Ondersteboven*: straf voor mislukking, spijt om gemiste mogelijkheden.

XXI. De Wereld
Afgebeeld wordt het hoogste symbool van compleetheid of totaliteit. Een naakte vrouw, omhuld door de lauwerkrans van de overwinning, houdt in haar hand een toverstokje. Boven en onder, macrokosmos en microkosmos, zelfs rechts en links zijn nu één geworden. De figuur wordt niet langer beperkt door land of water, maar toont de hoogste vrijheid van zuiver zijn.

In de hoeken naast de lauwerkrans zien we de vier dieren van Ezechiël. De tarotreis is voltooid. Of men nu anderen onderwijst of verder gaat naar niveaus die het begrip te boven gaan, men is nu vrij en zal nooit meer terugkeren naar de kerkers van de onwetendheid.

De naakte figuur is niet langer volkomen naakt. Een sluier verbergt haar genitaliën, een symbool van creativiteit. De sluier herinnert er nogmaals aan dat andere mysteries nog in het verschiet liggen. Het nummer van de kaart, 21, is wel het getal van de voltooiing (3 maal 7, twee cijfers met een magische betekenis), maar is niet het getal dat staat voor absolute eenheid, oneindigheid, onbeperkte potentie. Dat getal is nul, het getal van de Dwaas, de kaart die we als eerste hebben besproken en die ons tijdens onze reis heeft vergezeld. De Dwaas is het cijfer nul. De Dwaas is degene die concepten ten aanzien van de werkelijkheid opzij zet ten faveure van de directe ervaring.

Tantra

Tantra is geen religie, maar een systeem van occulte gebruiken dat ook in bepaalde elementen van het hindoeïsme, boeddhisme en jainisme is doorgedrongen. Tantra wil zeggen dat men de eigen energieën onderzoekt en ze al doende in subtielere, geestelijke krachten transformeert. In tegenstelling tot de meer gebruikelijke spirituele weg van onderdrukking, benut tantra juist de kracht van de onstuimige extremen van het leven. Tantra gaat ervan uit dat de creatieve krachten in man en vrouw in potentie spirituele energie zijn, als men maar op de juiste wijze met ze omgaat. Alleen als men elk van deze krachten accepteert en met andere elementen van de geest laat versmelten, kan men de ultieme zijnstoestand bereiken.

De tantristische symbolen behoren tot de rijkste in alle symboolsystemen. De belangrijkste kosmische voorstelling van deze cultus is de Sri Yantra (zie blz. 60), die als richtpunt voor de meditatie dient en het mogelijk maakt een blik te werpen op het voortgaande scheppingsproces. De goddelijke figuren Mahakala (Grote Tijd) en Kali, de vrouwelijke belichaming van Tijd, fungeren als creatieve manifestaties van de Hoogste Waarheid. Kali is een groteske godin wier afstotelijkheid door de adept moet worden geaccepteerd en verwelkomd.

De opvallendste tantrasymbolen hebben met seksualiteit te maken. In het Westen worden ze vaak gezien als bewijs voor verdorvenheid en bandeloosheid, maar eigenlijk geven ze aan dat seksuele energie voor spirituele groei kan worden aangewend. In tantra kan seksuele prikkeling worden gebruikt om het hoogste genot dat het lichaam kan ervaren lange tijd vast te houden. Deze zegening lost niet op in een orgasme, maar wordt in een meer subtiele vorm in het lichaam bewaard en kan zo helpen een volgende stap op de spirituele ladder te zetten.

In de tantristische symboliek komt de yoni (of vulva) heel vaak voor en geeft aan dat het bestaan van de wereld een onophoudelijke geboorte is. Hiermee hangt ook samen de gedachte van voortdurende en extatische bevruchting door het mannelijke zaad. Het mannelijke geslachtsorgaan wordt voorgesteld door de lingam, het vrouwelijke door verschillende vulvavormige beelden waaronder de lotusbloem. De schepping wordt uitgedrukt in erotische termen: de vereniging van Shiva en Shakti, die eindigt in een dans van Shakti waarmee ze terwijl Shiva toekijkt de structuur van de wereld vormgeeft.

Erotische energie
Het is de traditie van tantra erotische symboliek in kunstuitingen te verwerken, uiteenlopend van tempelversieringen tot yogatekeningen. Deze voorstelling uit een tantristisch handschrift over seksuele voorlichting is illustratief voor de gedachte dat de verrukking van de seksuele energie een middel tot spirituele groei is.

In tantra is bovendien een centrale plaats ingeruimd voor het concept van het subtiele lichaam, dat de grondslag vormt van de yogabeoefening. De adept stelt zich voor dat het universum rondom de mythische Berg Meroe draait en probeert vervolgens zijn wervelkolom te vereenzelvigen met de centrale bergas, waardoor hij zelf kosmisch wordt. Hij stelt zich voor dat elk aspect van de wereld drijft in een stroom die uit zijn kern voortkomt en richt deze stroom op de chakra's (zie blz. 182) of lotussen – een reeks krachtcentra die in groepjes in het subtiele lichaam ligt. In de Hindoe-tantra valt de nadruk op de laagste lotus, waar de fijnstoffelijke slang Koendalini huist. Is deze lotus door yoga geactiveerd, dan activeert de slang de energie van de ruggegraat (Soeshoema). Vervolgens stroomt de Koendalini-energie de hogere lotus binnen, totdat men de tijd overwint en de werkelijkheid achter de tijd ervaart.

Tantristische symbolen
In dit 18de-eeuwse Tibetaanse wandkleed zijn symbolen uit de tantristische kunst verwerkt. Het geeft een mooi beeld van het systeem waarin symbolische afbeeldingen gebaseerd op geometrische vormen (en vaak spirituele figuren) bij het mediteren worden gebruikt. In deze afbeelding zijn onder meer opgenomen de mandala's van de Toornige Boeddha's, de Vreedzame Boeddha's en de Kennis-Hebbers.

Chakra's

Chakra is Sanskriet en betekent 'wiel'. Gewoonlijk worden er zeven chakra's onderscheiden. In de tantraleer en yoga worden chakra's gezien als centra van *prana*, de energie die net als voedsel en lucht onmisbaar voor het leven is. De medische wetenschap heeft het bestaan van prana niet kunnen aantonen, wat niet zo vreemd is, omdat deze energie altijd in het etherische dubbel en niet in het stoffelijke lichaam is gelokaliseerd. Een mens heeft naast een fysiek lichaam nog een etherisch en astraallichaam. Het etherische lichaam doordringt het fysieke, maar is net iets groter en dient als voertuig voor prana-energie. Het astraallichaam omhult de ziel en is de zetel van het bewustzijn. Bij het sterven maken etherische en astraallichaam zich los van het fysieke lichaam. Het etherische lichaam desintegreert na drie dagen en het astraallichaam gaat naar de volgende fase van de levensreis.

Begaafde mensen zouden het etherische lichaam als een fijne mist rondom het fysieke lichaam kunnen waarnemen, waarbij de chakra's bij spiritueel onontwikkelde mensen als traag ronddraaiende schijven met een centimeter of 5 doorsnede zichtbaar zijn; bij meer ontwikkelde mensen zijn het een stuk grotere, snel ronddraaiende vlammende zonnetjes. Bij onontwikkelde mensen stroomt er net genoeg prana-energie naar de chakra's om het leven in stand te houden; wie zijn chakra's heeft ontwikkeld, krijgt zoveel meer energie dat hij over extra vermogens en mogelijkheden beschikt. Het ronddraaien van de chakra's wekt secundaire energiestromen op die door het fysieke lichaam circuleren via de acupunctuurmeridianen, waarvan het objectieve bestaan tot op zekere hoogte door de westerse wetenschap is aangetoond.

In de chakra's stroomt niet alleen de energie van de hogere levenskracht, er is ook een aardeënergie die alleen via de wortelchakra het lichaam kan binnenkomen. Deze aardeënergie is afkomstig van de hogere energie die direct in de aarde is gestroomd en na het laagste element van de schepping te hebben bereikt terugstroomt naar de hogergelegen bron, omdat alle energie nu eenmaal cyclisch is. Daar de wortelchakra bij vrijwel iedereen onderontwikkeld is, is de energiecirculatie in deze chakra meestal geblokkeerd. De aardeënergie blijft sluimerend in de wortelchakra aanwezig als zogenoemde Koendalini- of slangeënergie. Hoger ontwikkelde mensen kunnen deze energie activeren en naar de hoger gelegen chakra's laten stromen. Daar versmelt de aardeënergie met de hogere energieën en bereikt uiteindelijk de kroonchakra, waar zij explodeert in de duizendbladige lotus van licht, die rechtstreeks toegang geeft tot hogere werelden.

Omdat de Koendaliniënergie als vrouwelijk wordt gezien en de hogere energieën als mannelijk, zijn er duidelijke overeenkomsten met de mannelijke en vrouwelijke kracht uit het tarotspel en het chemische huwelijk van de alchemist. Maar een waarschuwing is op zijn plaats. Anders dan de geleidelijke weg van tarot kan de Koendalinienergie relatief snel worden geactiveerd als men de juiste meditatievorm kent. Gebeurt dit voordat de chakra's door morele en spirituele ontwikkeling en beheersing van wil en gedachten op de juiste wijze zijn geopend dan, zo zegt men, kan het resultaat verschrikkelijk zijn en variëren

Chakrasymbolen
Iedere chakra wordt van oudsher voorgesteld door een waterlelie of een wiel. In het midden bevindt zich een inscriptie in het Sanskriet, die de aard van de gewenste meditatietoestand weergeeft en een dier dat de krachten van de chakra vertegenwoordigt (hier een antiloop voor de *Anahata* of hartchakra.)

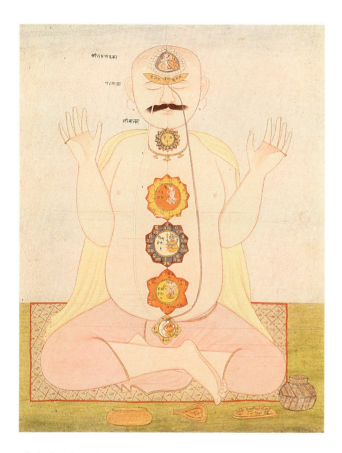

Chakra's in het subtiele lichaam
Deze Indiase tekening van begin 19de eeuw toont het stelsel van energiekanalen en chakra's in het etherische lichaam. De plaatsen van de chakra's in het etherische lichaam corresponderen ongeveer met die van bepaalde organen: het einde van de wervelkolom, genitaliën, navel, hart, keel, wenkbrauwen (hypofyse) en kruin (pijnappelklier). De eerste twee chakra's zijn de lagere of fysiologische centra, verantwoordelijk voor de primitieve, animalistische functies; de volgende drie centra zijn de middelste of persoonlijke centra, die inwerken op emoties en de geestelijke functies die samen de persoonlijkheid vormen; de laatste twee chakra's zijn de hogere of spirituele centra die, stelt men, bij de meeste mensen nauwelijks of niet zijn ontwikkeld. Bij iedere chakra hoort een eigen kleur, variërend van rood voor de ongepolijste energie van de wortelchakra tot wit van de voorhoofdchakra. De kroonchakra wordt soms voorgesteld als een schitterend gekleurde gloed.

van lichamelijke verwondingen en zelfs dood tot ernstige beschadiging van het etherische en astraallichaam. Het is veel beter te leven en te sterven zonder de Koendalini-energie te activeren, dan dit te vroeg te doen.

Iedere chakra vertegenwoordigt een element van onszelf, van de seksuele drift in de onderste tot spirituele vervulling in het de hoogste chakra. De chakra's corresponderen nauwgezet met de hiërarchie van ontwikkelingsbehoeften, zoals moderne psychologen die zien. De bekendste opsomming van menselijke ontwikkelingsbehoeften is van de Amerikaanse psycholoog Abraham Maslow (1908-1970). De eerste chakra staat voor wat Maslow noemde fundamentele fysiologische behoeften, de tweede voor de behoefte aan veiligheid, de volgende drie voor sociale behoeften, behoeften van ons ego en behoefte aan autonomie en de bovenste twee voor zelfverwezenlijking en transcendentie. De inzichten van yogi's uit een ver verleden komen dus verbazend sterk overeen met die van moderne psychologen.

De yogi's gingen echter een stap verder en ontwierpen een meditatiesysteem dat het mogelijk maakte de chakra's een voor een te openen en op te klimmen in de hiërarchie en de lichamelijke, psychische en spirituele gezondheid te verbeteren. Er zijn verschillende methoden. Zo kan de yogi beginnen met te mediteren over de wortelchakra, waarbij hij zijn aandacht op dat deel van zijn lichaam concentreert. Hij stelt zich voor dat de chakra door een toevloed van rood licht groter wordt en vervolgens door het fysieke lichaam stroomt en voor nieuwe vitaliteit zorgt, en naar boven stromend almaar zuiverder wordt. Na beëindiging van deze 'visualisatie' richt hij zijn aandacht op de volgende chakra en herhaalt hetzelfde patroon. De doeltreffendheid van deze meditatie wordt versterkt door een deugdzaam leven, waarin men bewust de wil probeert te stalen door behoedzaamheid en zelfdiscipline.

I Tjing

Leven we in een universum waarin geen verband bestaat tussen de dingen en gebeurtenissen of leven we in een universum waarin alles onderdeel is van één groot geheel, een ontzagwekkend web van relaties dat zich uitstrekt van de oeroorzaak tot in de verre toekomst? De huidige voorkeur voor analyseren en reduceren lijkt meer op het eerste te wijzen; mystiek, de wereldbeschouwing van onze voorouders en vele hedendaagse theoretische natuurkundigen suggereren het tweede. Als de holistische visie juist is, dan bestaat er eigenlijk niet zoiets als toeval. Alles wat er gebeurt, zelfs het omdraaien van een kaart of het gooien van een muntje, is de voortzetting van een keten van voorafgaande, al dan niet zintuiglijke, waarneembare gebeurtenissen.

De I Tjing of *Het boek der veranderingen*, een van de oudste waarzegmethoden, gaat uit van het concept dat alles met alles samenhangt. Het boek dat tussen 1122 en 770 v.Chr. is ontstaan, is aangevuld met uitgebreide commentaren van wijze mensen, onder wie Confucius neemt men aan. Om het kort te houden: de I Tjing bestaat uit een reeks ononderbroken (yang of 'ja') en onderbroken (yin of 'nee') lijnen. Elk patroon van drie of zes lijnen (*trigram* of *hexagram*) staat voor een bepaalde reeks betekenissen. Het werpen van een aantal munten of een bosje duizendbladstengels bepaalt welke combinatie van lijnen het antwoord op de gestelde vraag geeft.

De I Tjing is een reflectie van universele tegenstellingen: dag en nacht, goed en kwaad, geluk en tegenslag enz. De I Tjing gaat uit van een wereldbeeld dat op dit soort opposities is gebaseerd, maar stelt tevens dat deze tegenstellingen veranderlijk zijn en niets permanent is. De twee oppositionele trigrammen – *Tsj'ien*, bestaande uit drie ononderbroken lijnen, en *Koen*, drie onderbroken lijnen – gaan langzaam in elkaar over (zie rechts), totdat ze identiek zijn. En zoals de trigrammen in elkaar overvloeien, is het ook met hun betekenissen.

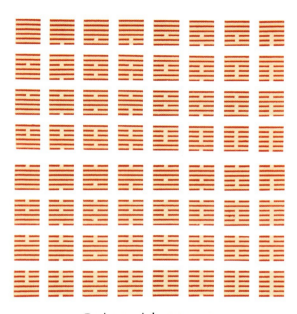

De vierenzestig hexagrammen
Deze 19de-eeuwse afbeelding toont de vierenzestig hexagrammen van de I Tjing in de vorm van een vierkant.

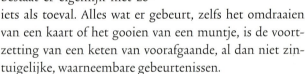

Op een bepaald ogenblik heeft men de acht trigrammen gecombineerd tot vierenzestig hexagrammen, die symbolisch zijn voor alle fundamentele, menselijke situaties. Om te bepalen welk van de vierenzestig hexagrammen het antwoord op een bepaalde vraag geeft, neemt de vragensteller drie muntjes (die makkelijker te krijgen zijn dan duizendbladstokjes) en gooit die zes maal achtereen op tafel. In elke worp bepaalt de combinatie van kop en munt of het om een onderbroken of ononderbroken lijn gaat: drie maal kop of een maal kop en twee maal munt geeft een doorlopende lijn; drie maal munt of een maal munt en twee maal kop staat voor een onderbroken lijn. Na elke worp tekent men, onderaan beginnend, de verkregen lijn. Uiteindelijk heeft men dus zes lijnen boven elkaar (een afgerond hexagram). Een lijn die is gebaseerd op drie maal kop of drie maal munt wordt een *bewegende* (veranderlijke) lijn genoemd. De bewegende lijnen vormen samen een tweede hexagram. Vervolgens kan men de betekenis van beide hexagrammen in de I Tjing opzoeken. De I Tjing geeft dan advies over de beste handelwijzen voor de toekomst.

I Tjing 185

I Tjing: de theorie

De toekomst ontwikkelt zich uit het heden. Als we vinden dat alles met alles samenhangt, dan is inzicht in het heden ook inzicht in de toekomst. Onze kennis van het heden is echter onvolledig en bij het voorspellen van de toekomst kunnen we niet weten welke fragmenten van het heden bij welke aspecten van de toekomst horen. We kunnen aspecten van het heden alleen symbolisch weergeven in de vorm van cijfers. Kennen we deze cijfers, dan kunnen we met een aantal wetten de toekomst berekenen. De I Tjing onthult deze cijfers door het werpen van een serie muntjes, omdat in een universum waarin alles met alles samenhangt alles betekenis heeft.

De trigrammen

Wie maximaal gebruik wil maken van de I Tjing kan niet zonder de vierenzestig hexagrammen en hun duiding, maar de acht trigrammen vormen toch een aardige kennismaking. Wie eenmaal vertrouwd is met de acht trigrammen, beschikt ook over de juiste mentaliteit om met de hexagrammen te werken. In het geval van trigrammen worden de munten slechts drie maal gegooid en we negeren bewegende lijnen. Hiernaast ziet u de acht trigrammen met hun namen en betekenissen.
De trigrammen suggereren mogelijkheden, het zijn geen absolute voorschriften. Denk na over de resultaten en ga behoedzaam verder.

Tsj'ièn: het scheppende; hemel; vader; actief.

Koen: het ontvankelijke; aarde; moeder; passief.

Tsjen: het opwindende; beweging; gevaar; donder.

K'an: het diepe; water; kuil; gevaar.

Ken: het onpeilbare; hoge plaatsen; geblokkeerde vooruitgang.

Soen: het zachtmoedige; hout; wind; penetratie.

Li: het zich-hechtende; vuur; schoonheid; helderheid.

Twéi: het blijmoedige; genot; meer; bevrediging.

Glossarium

Alchemie: middeleeuwse voorloper van de chemie, gericht op de transformatie van gewone metalen in goud, maar ook een door en door symbolisch systeem gericht op 'transformatie' van het spirituele zelf. Het doel is het vinden van de Steen der wijzen, het middel dat materiële en spirituele transformatie kan bewerkstelligen.

Amulet: een voorwerp dat op het lichaam wordt gedragen om boze geesten te verdrijven.

Anima: in Jungs theorie over *archetypen* het vrouwelijke aspect in de psyche van de man.

Animus: in Jungs theorie over *archetypen* het mannelijke aspect in de psyche van de vrouw.

Anch: een kruis met op de horizontale as een ovaal; in de Egyptische cultuur een belangrijk symbool van het leven.

Archetypen: in Jungs theorie symbolische beelden en gedachten met een universele betekenis, die uit het collectieve bewustzijn opwellen. Archetypische beelden staan los van tijd, cultuur en erfelijkheid, hoewel ze bij verschillende mensen in detail kunnen verschillen.

Astrologie: een waarzegsysteem gebaseerd op de interpretatie van planetaire configuraties.

Bodhisattva: in het boeddhisme iemand die zo ver is dat hij het *nirvana* kan binnengaan, maar dat uitstelt omdat hij eerst minder gelukkigen wil helpen.

Caduceus: twee slangen gekronkeld om een staf met twee vleugels; oorspronkelijk de staf van Hermes, de boodschappergod. De staf symboliseert vrede en bescherming.

Chakra's: de psychische en spirituele energiecentra in het *etherische lichaam*, die corresponderen met bepaalde organen in het stoffelijke lichaam. De chakra's symboliseren de fasen van de spirituele ontwikkeling van de mens en vormen de grondslag van een meditatiesysteem.

Dierenriem: een term uit de astrologie die verwijst naar de 'riem' aan de hemel, waarin zon, maan en planeten lijken te bewegen en waarin de twaalf tekens van de dierenriem zich bevinden.

Etherische lichaam: een fijnstoffelijk (of subtiel) lichaam dat qua vorm gelijk is aan het stoffelijke lichaam. Door het etherische lichaam stroomt de levensenergie. Het etherische lichaam doordringt ieder atoom van het fysieke lichaam en is voor helderzienden zichtbaar als een netwerk van energiebanen.

Glief: een merkteken of symbool.

Goeroe: een spiritueel/geestelijk leraar.

Grote Arcana: de tweeëntwintig tarotkaarten met afbeeldingen. Ze beelden allegorische taferelen uit. De Grote Arcana wordt vaak voor waarzegdoeleinden gebruikt en als gids op het pad naar spirituele verlichting.

I Tjing: het Chinese waarzegsysteem waarbij men lijnpatronen interpreteert die zijn verkregen door het gooien van duizendbladstengels of munten. De I Tjing geeft vorm aan de gedachte dat alle gebeurtenissen in verleden, heden en toekomst met elkaar samenhangen. Het systeem is gebaseerd op 64 hexagrammen die samen alle fundamentele menselijke situaties voorstellen.

Kabbala: in de joodse traditie een systeem van theoretische en praktische wijsheid dat de geestelijke en spirituele ontwikkeling steun biedt en bovendien een symbolische voorstelling van de Schepping geeft. De kabbala kan begrepen worden door goddelijke openbaringen in heilige teksten. Zie ook bij *Levensboom*.

Karma: in het hindoeïsme en boeddhisme de morele wet van oorzaak en gevolg: iemands daden in enig leven worden in volgende incarnaties beloond of bestraft.

Kleine Arcana: tarot: de vier kleuren (bekers, kelken, staven en zwaarden) van elk veertien kaarten.

Levensboom: het bekendste symbool uit de *kabbala*. De Levensboom geeft een grafische voorstelling van de stadia in Gods manifestatie en de relaties die ten grondslag liggen aan alles wat bestaat en de Schepping.

Macrokosmos: de 'grote wereld', het grotere universum. Zie ook *microkosmos*.

Mandala: een symbolische figuur gebaseerd op geometrische vormen, vaak ook een menselijke of goddelijke figuur. Wordt in de oosterse mystiek gebruikt als grondslag van het mediteren. De omtrek bestaat uit een cirkel, symbolisch voor de *macrokosmos*; de complementaire beginselen worden door de vierkanten of andere vormen binnen de cirkel uitgebeeld.

Mantra: in het hindoeïsme en boeddhisme een 'heilig' geluid dat symbolisch is voor bepaalde goddelijke energie, in gedachten tijdens de meditatie gezongen of herhaaldelijk gereciteerd.

Microkosmos: een miniatuurmodel van de *macrokosmos*. Filosofen hebben het menselijk lichaam ooit gezien als een reflectie van het totale universum.

Nirvana: in de boeddhistische filosofie de hoogste en laatste toestand van zegening waarnaar de boeddhist streeft. Het nirvana wordt bereikt als men zich bevrijdt van de onophoudelijke cyclus van hergeboorte door het individuele bewustzijn en zijn verlangens te overstijgen.

Occult: een systeem van mystieke wijsheid dat door de ingewijden wordt geheimgehouden.

Pentagram (of **pentakel**): een vijfpuntige ster die door vijf continue lijnen wordt getrokken en fungeert als een heilig of magisch symbool. Een naar boven wijzend pentagram wordt geassocieerd met positieve energie, de omgekeerde driehoek met negatieve.

Sefira: er zijn tien sefira, of tien aspecten van God, die tijdens de creatie van het universum zijn geopenbaard en door de kabbalistische Levensboom worden weergegeven.

Sjamaan: een spirituele reiziger tussen onze wereld en de geestenwereld, met wie hij (en soms zij) kan communiceren.

Stoepa: in het boeddhisme een koepelvormige heuvel of structuur die over de resten van een keizer of spiritueel leraar is gebouwd.

Symboolstelsel: een symbolische 'kaart' van de werkelijkheid die de wezenlijke aspecten van ons emotionele of spirituele bestaan aangeeft en kan worden gebruikt om het spirituele zelf te exploreren en te ontwikkelen.

Talisman: een voorwerp, vaak symbolisch voor een god of godin, dat wordt geacht de vermogens van de bedoelde godheid te bezitten.

Tantra: een Indiase cultus waarin men zijn eigen energieën, vaak van seksuele aard, exploreert en omzet in meer subtiele, spirituele krachten.

Tarot: een kaartspel dat voor *waarzeggen* wordt gebruikt. Zie ook bij *Grote Arcana* en *Kleine Arcana*.

Waarzeggen: het door middel van occulte middelen verwerven van kennis over het heden en in het bijzonder de toekomst.

Yantra: een symbolische geometrische figuur die in de oosterse mystiek als uitgangspunt voor het mediteren dient. Vaak samengesteld uit ingewikkeld gecombineerde driehoeken en mogelijk omringd door lotusblaadjes. Een yantra stelt de mediterende in staat te contempleren over de eenheid die alle tegenstellingen te boven gaat. Zie ook *mandala*.

Yin en yang: de twee oppositionele krachten uit de Chinese filosofie die het lot van het universum bepalen. Yin is vrouwelijk, negatief en donker; yang is mannelijk, positief en licht.

Bibliografie

Allen, M., *Astrologie voor de nieuwe tijd* (Deventer 1983)

Banzhaf, H., *Werken met de Tarot* (Amsterdam 1991)

Bartelink, G.J.M, *Prisma van de mythologie* (Utrecht 1988)

Bartelink, G.J.M., *Mythologisch woordenboek: een alfabetische rangschikking van personen, verhalen, plaatsen en begrippen uit de diverse mythologieën* (Utrecht 1969)

Biedermann, H., *Prisma van de symbolen: historisch-culturele symbolen van A tot Z verklaard* (Utrecht 1991)

Campbell, J., *De held met de duizend gezichten* (Utrecht 1993)

Campbell, J., *Mens en bewustzijn: de kracht van de mythologische verbeelding* (Houten 1992)

Coudert, A., *Alchemie: de steen der wijzen* (Deventer 1984)

Crisp, T., *De wereld van de droom* (Utrecht 1993)

Delaney, F., *De Kelten, een Europese cultuur* (Utrecht 1992)

Eliade, M., *From Primitives to Zen* (Londen 1977)

Fontana, D., *Elementen van meditatie* (Naarden 1993)

Haddenberg, G., *Dromen en hun betekenis: de beeldspraak van het onbewuste* (Naarden 1982)

Hart, G., *Egyptische mythen* (Baarn 1992)

Huxley, F., *Symbolen van het mysterie* (Amsterdam 1978)

I Ching. Het boek der veranderingen

Innes, B., *The Tarot: How to use and interpret the Cards* (Londen 1987)

Jung, C.G., *Over de grondslagen van de analytische psychologie* (Rotterdam 1976)

Jung, C.G., *De mens en zijn symbolen* (Rotterdam 1992)

Laing, J. en D. Wire, *Encyclopedie van tekens en symbolen* (Alphen aan den Rijn 1993)

Lotus, M.-J., *Droomlexicon: verklaringen van boodschappen uit het onderbewuste* (Rijswijk 1987)

Morgan, P., *Buddhism* (Londen 1989)

Rawson, Ph., *Tantra, de Indiasche cultus der extase* (Baarn 1973)

Reeth, A. van, *Encyclopedie van de mythologie* (Baarn 1992)

Scholem, G., *De Zohar: kabbalistische fragmenten* (Amsterdam 1982)

Spence, L., *Mythen en legenden der Noord-Amerikaanse indianen* (Zutphen 1928)

Suzuki, D.T., *Inleiding tot het zen-boeddhisme* (Deventer 1958)

Vernout, J.P., *Mythe en religie in het oude Griekenland* (Baarn 1991)

Wichman, J., *Renaissance van de esoterie* (Utrecht 1991)

Illustratieverantwoording

Illustraties van Hannah Firmin/Sharp Practice, tenzij anders vermeld.

Schrijver en uitgever danken de volgende musea en fotoarchieven voor de toestemming van hun materiaal gebruik te maken.

7 Dubbele draak, naar Norton. Verzameling Ch. Walker, Londen.
9 Frans I leidt het schip van Frankrijk getrokken door het Witte Hert, 1515. Herzog August Bibliothek, Wolfenbüttel, Codex Guelf. 86.4 Archief Weidenfeld & Nicholson, Londen.
10 Tournooifiguur, detail uit het boek (1448) van Sir Thomas Holme. British Library, Londen, Harley 4205, fol 37/Archief Weidenfeld & Nicholson, Londen.
11 Vlammend hart, gravure van G. Wither. Privé-verzameling, Lamberhurst, Kent.
12 Koning en koningin in de Fontein der liefde, houtsnede uit *Rosarium Philosophorum* (1550). Verzameling Ch. Walker.
14 Held en jongedame. Verzameling J. Groot, Londen.
15 Martorelli: De onthoofding van Johannes de Doper, ca. 1450. Museo Diocesano de Barcelona/The Bridgeman Art Library, Londen.
16 Puvis de Chavannes: Zomer, midden 19de eeuw. Musée des Beaux Arts, Chartres/Fabbri-Bridgeman Art Library.
17 Zamoerrad, Mogol-miniatuur, 1570. M. Holford, Londen.
19 Draak, 19de eeuw, geborduurde Chinese zijde. Privé-verzameling, Hong Kong/Verzameling Ch. Walker.
20 De godin Ameterasu, Japanse houtsnede. The Japanese Gallery, Londen.
22 Bison, grotten van Lascaux (Frankrijk). Foto H. Hinz, Allschwill-Bazel.
23 Afrikaans masker van de Kongo-Zombostam. British Museum, Londen/The Bridgeman Art Library, Londen.
24(b) Ibis, uit: *Dodenboek van Neferrenpet*, Thebe, 19de dynastie. Archief W. Forman, Londen.
24(o) De ark van Noach, illustratie uit *Biblia Sacra Germanica* (De Neurenbergse bijbel, 1483). Victoria and Albert Museum, Londen/The Bridgeman Art Library, Londen.
25 Totempaal, Alaska. H. Schmied, Z.E.F.A.
26 Tezcatlipoca en Quetzalcoatl, uit: *Codex Borbonicus* 3. Bibliothèque de l'Assemblée Nationale Française, Parijs.
27 Visjnoe als vis, uit een 17de-eeuws handschrift, Kashmir. British Library, Londen/The Bridgeman Art Library, Londen.
29 Ma-Koe maakt een boomgaard uit zee, schildering van Hsiang Koen, 2de eeuw v.Chr. British Library, Londen/Foto M. Holford.

30 Oordeel van Ani, deel van een Egyptische papyrus, ca. 1250 v.Chr. British Museum, Londen/Foto M. Holford, Londen.
31 Lijdensverhaal van Christus, miniatuur uit het *Playfair Getijdenboek* (Frankrijk, eind 16de eeuw). Victoria and Albert Museum, Londen/E.T. Archief, Londen.
32 Golem, illustratie uit *Anatomica Auri* van J.D. Mylius (1628). Verzameling Ch. Walker.
33 Krishna en Rhada, Kangra-miniatuur, 1780. Victoria and Albert Museum, Londen/Foto M. Holford, Londen.
34 De symbolen van het alchemistische systeem onthuld, naar *Opus Medicochymicum* van J.D. Mylius (1618). Verzameling Ch. Walker.
35 W. Blake: De goede en slechte engelen, 1795. The Tate Gallery, Londen.
36 Twee Egyptische godinnen en een heilige krokodil, fresco in de Villa der Mysteriën, Pompeji, 1ste eeuw v.Chr. Archief W. Forman.
37 Anon: Madonna en kind met wassende maan, Vlaams paneel, 13de eeuw. Huis Bergh/Verzameling C. Walker.
38 Point: De sirene, 1897. B. Friedman, New York/The Bridgeman Art Library, Londen.
40 D. Veneziano: Maria Boodschap. Fitzwilliam Museum, Cambridge.
41 De symbolen van de evangelisten, handschrift 8ste eeuw. Kathedraal van Trier/E.T. Archief.
42 J. Uttewael: Perseus redt Andromeda. Musée du Louvre, Parijs/Giraudon-Bridgeman Art Library.
43 Kali op Shiva, Indiase miniatuur, 18de eeuw. Victoria and Albert Museum, Londen/E.T. Archief.
45 Bardomandala, Tibet, 19de eeuw. Victoria and Albert Museum, Londen/E.T. Archief.
47 R. Magritte: Le joueur secret, 1927.© 1993 ADAGP, Parijs en DACS, Londen. Privé-verzameling/The Bridgeman Art Library, Londen.
49 J.H. Füssli: De nachtmerrie, 1790-1791. Goethemuseum, Frankfurt/Foto H. Hinz.
50 Adelaar en slang, illustratie uit een Tibetaanse tanka. Privé-verzameling.
53 Het universum, kaart uit *The Fine Flower of Histories* (1583) van Logman. Museum voor Turkse en Islamtische kunst, Istanboel/E.T. Archief.
56 Het levenswiel, illustratie uit een Oosttibetaanse tanka (ca. 1930). Verzameling R. Bere, Oxford.
58(b) L. da Vinci: Gulden snede. Ancient Art and Architecture Museum, Londen.
58(o) Oog, illustratie van een 18de-eeuwse, Arabische amulet. Dar al Athar al Islamiyyah, Koeweit/Verzameling Ch. Walker.
60 Een sri yantra, Nepal, ca. 1700. J. Dugger en D. Medalla, Londen/J. Webb, Surrey.
61 Avaloklitesvhara, Nepalese tanka. Foto M. Holford.
62(b) Doolhof, vloer kathedraal van Chartres, 13de eeuw. Verzameling Ch. Walker.
62(o) Doolhof op het plafond van de Labyrintzaal, Palazzo Ducale, Mantua, 16de eeuw. Ancient Art and Architecture Museum, Londen.

64 De drie wijze mannen, illustratie uit *Goelum Stellatum Christianum* (1627) van J. Schiller. Verzameling Ch. Walker.
65 Astronomisch diagram, Kangra, Himachal, Pradesh, 18de eeuw. Ajit Mookerjee, New Delhi/Thames and Hudson, Londen.
69 De ronde tafel en de Heilige Graal, miniatuur uit Tristram III, fol. 1. Musée Condé, Chantilly/The Bridgeman Art Library, Londen.
71 Wapen van Robert Devereux, derde graaf van Essex, overleden in 1646. The College of Arms, Londen, Ms. E 16, fol 18v°.
72 Mars in zijn strijdwagen, naar *Mythologiae, sine explicationis Fabularum* (1616) van N. Comites. Verzameling Ch. Walker.
73 A. Dürer: Dood, Honger, Oorlog en Pest, De Apocalyps, gravure uit 1497-1498. Privé-verzameling/The Bridgeman Art Library, Londen.
74 Orfeus op het Dierenmozaïek, Tarsus, 3de eeuw. Hatay Museum, Antiochië/Foto S. Halliday.
75(b) Dakuitsteeksel kathedraal van Southwark. Ancient Art and Architecture Museum, Londen.
75(o) De drie schikgodinnen, 19de-eeuwse gravure. Mary Evans Picture Library, Londen.
76 Ridder en draak, illustratie uit *Discorides Tractatus de Herbis*, Frans, 15de-eeuws handschrift. Biblioteca Estense, Modena/E.T. Archief.
77 Apenbrug, getekend door Hokuju, eind 18de eeuw. Victoria and Albert Museum, Londen/The Bridgeman Art Library, Londen.
79 Beginletter A uit *Historia Naturalis* (ca. 1460) van Plinius de Oudere. Victoria and Albert Museum, Londen/E.T. Archief.
80 Sint-Joris en de draak, Syrisch icoon, ca. 800. Richardson and Kailas Icons, Londen/The Bridgeman Art Library, Londen.
83(b) Olifantgod, uit *Setons Armorial Crests*. National Library of Scotland, Edinburgh/The Bridgeman Art Library, Londen.
83(o) Marco Forzata Capodalista, uit *De Viris Illustribus* (15de eeuw). Bibliotheek, Padua/E.T. Archief.
84(b) Bewick: Vos, houtgravure, ca. 1785. Privé-verzameling, Londen.
84(o) Canis Major, detail van Argo Navis uit *Atlas Coelestis* (1742) van G. Doppelmayer. Ann Ronan Picture Library, Londen.
85 Drie katten en een rat, Engels, 13de-eeuw. British Library, Londen, Harl. Ms. 4751, fol 30v°.
86 A. Dürer: Spiegel van de retoriek (Icarus en Daedalus), gravure, 1493. Mary Evans Picture Library, Londen.
87 Melzi: Leda en de zwaan, midden 16de eeuw. Uffizi, Florence/The Bridgeman Art Library, Londen.
88 Botticelli: De geboorte van Venus, ca. 1480. Uffizi, Florence/The Bridgeman Art Library, Londen.
89 Octopus, 19de-eeuwse gravure. Mary Evans Picture Library, Londen.
90(l) Rama, Sita, Lakshman en Hanoman, detail van een Indiase miniatuur. Victoria and Albert

Museum, Londen/The Bridgeman Art Library, Londen.
90(r) Ganesja, 20ste eeuw, Bombay. Verzameling Ch. Walker.
92(b) De Vos: De verkrachting van Europa, eind 16de eeuw. Museo de Bellas Artes, Bilbao/Index-Bridgeman Art Library, Londen.
92(o) Bewick: Hert, houtsnede, ca. 1785. Privé-verzameling.
93 Bewick: Zoon, houtsnede, ca. 1785. Privé-verzameling.
94 Bewick: Haas, houtsnede, ca. 1785. Privé-verzameling.
96-97 Zeemeermin van Amboine, 1717. British Library, Londen/The Bridgeman Art Library, Londen.
99 S. Palmer: In een tuin in Shoreham. Met dank aan de leiding van het Victoria and Albert Museum, Londen.
103 Adam en Eva, miniatuur uit Beatus, fol 18. El Escorial, Madrid/Oronoz, Madrid.
104 Vrouwelijke en mannelijke alruin, 15de eeuw. Verzameling Ch. Walker.
105 Kruidenboek (12de eeuw), Ms. Ash. 1462, fol 17,18. The Bodleian Library, Oxford/The Bridgeman Art Library, Londen.
106 Bijen en bijenkorven, Engels bestiarium, (12de eeuw), Ms.24, fol 63. Aberdeen University Library/The Bridgeman Art Library, Londen.
107 Het Laatste Avondmaal, de kerk van Our Lady of the Pastures, Asinov. Foto S. Halliday.
109 Schip, gravure van G. Wither. Privé-verzameling, Lamberhurst, Kent.
111 Cossier: Prometheus met het vuur, midden 17de eeuw. Prado, Madrid/Index Bridgeman Art Library, Londen.
113 Bewick: Neptunus, houtgravure. Privé-verzameling, Londen.
114 Vulkaan, gravure van G. Wither. Privé-verzameling, Lamberhurst, Kent.
118(l) Chinese ceintuurhaak uitgesneden in lapis lazuli, Badakhstan. The Natural History Museum, Londen.
118(r) Agaat/**119(lb)** Parels. Verzameling J. Garlick Curio, Londen.
119(mb) Gouden munt. Met dank aan Spinks and Son, Londen.
119(rb) Jade. Privé-verzameling.
119(m) Zilveren dollar. Met dank aan Spinks and Son, Londen.
123 De schepping, illustratie uit de *Lutherse Bijbel*. The Bible Society, Londen/The Bridgeman Art Library, Londen.
125 Opzetten van de meipaal, gravure van A. Crowquill voor Chambers, *Book of Days*. Mary Evans Picture Library, Londen.
126 Bewick: Modieuze vrouw, houtgravure, ca. 1790. Privé-verzameling, Londen.
127 P.P. Rubens: Het oordeel van Paris, ca. 1634. Prado, Madrid/The Bridgeman Art Library, Londen.
128(l) De Dood, Engels miniatuur, eind 15de eeuw. Bodleian Library, Oxford/E.T.Archief.
128(r) Bewick: Magere Hein, houtgravure. Privé-verzameling, Londen.
129(l) De schepping, detail miniatuur van Fouquet. Bibliothèque Nationale, Parijs/Giraudon-The Bridgeman Art Library.
129(rb) Lucifer verslindt Judas Iscariot in de hel, houtsnede uit *Opere del divino Dante* (Venetië 1512). Verzameling Ch. Walker.
128(ro) Monnik, gravure van G. Wither. Privé-verzameling, Lamberhurst, Kent.
130(b) Christus' zegen, School van Nonantola, 9de eeuw. Biblioteca Capitolare, Vercelli/E.T. Archief.
130(o) Tronende Christus, romaans *Evangelieboek* (12de eeuw). Bibliotheek, Mantua/E.T. Archief.
131 Gouden masker, Peru, 400 na Chr. Tony Morrison South American Pictures.
133 Intrede van Frans I in Lyon, 1515, detail, Ms. Codex Guelf 86, fol 4. Herzog August Bibliothek, Wolfenbüttel/Weidenfeld & Nicolson Library, Londen.
134 Quetzalcoatl, gebaseerd op *Codex Magliabechiano*. Privé-verzameling, Londen.
135 Saturnus, gravure uit *Phaenomena et Prognostica* (Keulen 1569) van Solensis Acatus. Ann Ronan Picture Library.
136 Heks op bezemsteel, naar verhandeling over hekserij (ca. 1621) van Pendle. Verzameling Ch. Walker.
137 Van Kessel: Hof van Eden, 1659. J. van Haeften Gallery, Londen/The Bridgeman Art Library, Londen.
138(l) Jacobs droom, miniatuur uit Duits handschrift (12de eeuw). Mary Evans Picture Library, Londen.
138(r) Hel, Japans schilderij, 19de eeuw. Horniman Museum, Londen/E.T. Archief.
139 Patenier: Charon steekt de Styx over, begin 16de eeuw. Prado, Madrid/The Bridgeman Art Library, Londen.
140 Cellarius: De planeetbanen, 1668. Met toestemming van British Library (kaarten C.6.c.2), Londen.
141 Astrologische mens. Privé-verzameling, Londen.
143 Visjnoe Visvaroepa, Jaipoer, begin 19de eeuw. Victoria and Albert Museum, Londen/E.T. Archief.
144 De kosmische mens, uit Agrippa, *De Occulta Philosophia*. Verzameling Ch. Walker.
145(b) Magisch schrift van John Dee, deel uit M. Casaubon, *A True and Faithful Relation...* (1657). Verzameling Ch. Walker. **145(lo)** Symbool van de Verdienstelijke Orde van het Roze Kruis. Ancient Art and Architecture Museum, Londen.
145(ro) Magische instrumenten, gravure uit E. Lévi's *Transcendentale magie* (1896). Privé-verzameling, Londen.
146(b) Steen der wijzen, uit *Die Hehren der Rosenkreuzer* (1785). Verzameling Ch. Walker.
146(o) Alchemist, detail uit de Ripley-rol. Verzameling Ch. Walker.

147 Het koude vuur, uit M. Maier, *Tripus Aureus* (1618). Verzameling Ch. Walker.
148 Steen der wijzen, uit *Mutus Liber* (1677). Verzameling Ch. Walker.
150 Hermafrodiet op maandemon, 15de eeuw. Verzameling Ch. Walker.
151(l) De groene leeuw, detail houtgravure, 16de eeuw. Verzameling Ch. Walker.
151(m) De vogel van Hermes, detail uit de Ripley-rol. Verzameling Ch. Walker.
151(r) Koning en koningin in seksuele vereniging, houtsnede uit *Rosarium Philosophorum* (1550). Verzameling Ch. Walker.
152 Kabbala, macrokosmische relatie, houtsnede. Verzameling Ch. Walker.
153 Kabbala, sefirot uit aantekenboekje van Orde van het Gouden Kruis (ca. 1903). Verzameling Ch. Walker.
154 Illustratie C. Church/Garden Studio.
155 Kabbala, menselijk lichaam en huis, uit T. Cohn *Ma'aseh Tobiyyah* (Venetië 1721). Verzameling Ch. Walker.
156 Dierenriemtekens, uit *Astrorum Scienta* (1489). Verzameling Ch. Walker.
157 Dierenriem, Frans handschrift (15de eeuw). Victoria and Albert Museum, Londen/E.T. Archief.
158 Mercurius, uit *De herders kalender* (16de eeuw). Ann Ronan Picture Library.
159 Maan en zeelieden, miniatuur uit *De Sphaera* (15de eeuw). Biblioteca Estense, Modena/E.T. Archief.
160 Sterrenkaart, uit Sanskriet handschrift. British Library, Londen/E.T.Archief.
161 De godin Nut omringd door de tekens van de dierenriem, houten grafkist van Soter, begin 2de eeuw. British Museum, Londen/Foto M. Holford.
168 Tarotkaarten, Grote Arcana, Italië, eind 19de eeuw. Verzameling Ch. Walker.
169 Twee tarotkaarten, versie Waite, eind 19de eeuw. Verzameling Ch. Walker.
171 Tarotkaart De Dwaas, Frans, 18de eeuw. British Museum, Londen.
172-178 Tarotkaarten, Franse en Italiaanse uitgaven, 18de/19de eeuw. British Museum, Londen.
179 Tarotkaart De Wereld, Italië, begin 19de eeuw. British Museum, Londen.
180 Bladzijde uit een tantristisch handschrift, Khajuraho, begin 19de eeuw. Verzameling Ch. Walker.
181 Tantristische iconografie, Tibetaans, 18de eeuw. Gulbenkian Museum, Durham/Foto J. Webb.
182 De Anahata, plaat 5 uit J. Woodroffe, *The Serpent Power* (1928). Verzameling Ch. Walker.
183 Het subtiele lichaam, Kangra, Himachal Pradesh, ca. 1820. Swen Gahlin, Londen/Foto J. Webb.
184 I Tjing, de 64 hexagrammen in vierkante vorm, 19de eeuw. Verzameling Ch. Walker.
185 FuHsi, de eerste van de Vijf legendarische keizers (tot 2838 v.Chr.). Verzameling Ch. Walker.

Register

Aap 90, 175
Aardbeving 113
Aarde 32, 34, 55, 59, 108, 114-115
Astrologische tekens 158, 166-167
Aardgeest 108
Aartsengel 129
Acupunctuur 109, 122
Adam en Eva 32, 139
Adam Kadmon 154
Adelaar 83, 95, 110, 164
Aeolus 109
Agaat 118
Agni 110
Ahoera Mazda 117
Alchemie 12, 31, 32, 86, 108, 119, 128, 146-151
Alchemistische vereniging 32
Alruin 104
Ammit 26, 30
Amulet 18, 68
Anch 57
Androgyn 32, 150
Anima/animus (archetypen) 13-14, 15, 32, zie ook Man en vrouw
Anoebis 30, 84
Antiloop 182
Aoem 65
Aoem Mani Padme Hoem 60
Aphrodite 36, 107, 127
Apocalyps 73
Apollo 36, 64, 74, 100
Appel 107, 127
Aranrhod 98
Architectuur 76
Ariman 17, 114
Artemis 36, 91, 92, 124, 136
Astrologie 119, 156-167, zie ook Ster
Athena 127
Aureool 130
Aurora 121
Avalokiteshvara 61, 133

Ba 87
Baäl 82
Babylon 64, 91
Bacchus 36, 74, 100
Balans 73, 166, 178
Basilisk (slangdraak) 96
Bastet 85
Bedrieger (archetype) 14
Beeldhouwerk 68, 144

Beëlzebub 94
Beer 16, 92
Begrafenisriten, Egypte 30
Beker 34
Bellerophon 109
Berg 114
Berin 16
Berouw 67
Bezemsteel 136
Bhagavadgita 122
Blake, W. 35
Blauw 66
gewaad 173
Bliksem 116
Bliksemflits 116
Bloed 52
van Christus 31
Bloem 98, 104-105, 174, 175
Bloemenkrans 104
Bodhidharma 112
Bodhisattva's 19, 60, 61, 120, 133, 138, 178
Boek 129
Boogschutter 163
Boom 32, 37, 86, 98, 100-101
Boot 112
Bos 100, 101
Botticelli, S. 88
Boze oog 58
Brahma 26, 43, 75, 88, 117
Brood 31, 106
Brug 77
Bruidstaart 125
Buffel 92
Buik 18

Caduceus 82, 91
Canis Major 84
Catharina van Alexandrië 36
Centaur 97, 163
Ceres 93
Chakra's 122, 182-183
Charon 36, 139
Chimaera 95, 96
Chiron 97
Christoffel 36
Christus 13, 30, 31, 64, 66, 69, 107, 119, 126, 152
Chrysant 98
Cijfers 64-65, 152, 184-185
Cirkel 34, 54, 55, 58, 60, 77, 82
Collectieve onbewuste 11, 12, 26, 30, 44, 46
Cronus 14, 93, 128, 135
Cupido 173

Daedalus 86
Dag en nacht 117

Dageraad 121
Dalai Lama 61
Dans 74, 128
Dee, J. 145
Demeter 93
Demon 129
Denneappel 100
Dertien 176
Deur 77
Diamant 119
Diana 36, 92
Dieren 22-25, 26, 78-97
Dierenriem 156-167, 172
Dionysus 36, 96, 97, 100, 107
Doerga 134
Dolk 73, 145
Dood 25, 28, 30, 34, 67, 73, 74, 83, 110, 117, 120, 121, 175, 182, zie ook Hemel; Hel
Doolhof 62-63
met klok 62
Doopvont 70
Dorjee 116
Draak 19, 80-82, 118, 150
Drie 54, 55, 58, 64, 175
Drieëenheid 54, 64, 88
Driehoek 52, 54, 55, 59, 60
Drietand 73
Drievoudige Keltische omheining 59
Drinken 106, 107
Dromen 8, 46, 47, 48, 49, 63
Duif 72
Duivel 176, 177
Dwaas 171, 179

Ea (Onnes) 91
Echo 67
Eenhoorn 83
Egyptisch Dodenboek 28
Eik 100
Eiland van de gezegenden 67
Elementen 24, 28, 58, 108-115, 146, 150
Eleusische mysteriën 106
Elixer 146
Elyzeese velden 137
Emma-o 138
Eos 28
Eris 127
Esp 100
Eucharistie 30, 31
Europa 92
Evocatie 144
Ezechiël 154

Fabre, P.J. 148
Fallische reus 125

Fallus 73, 88, 124
Faust 17
Fazant 110
Feniks 82, 110
Fleur de lys, zie Lelie
Fluit 33
Freud, S. 11, 12, 28, 46
Freya 107
Füssli, J.H. 49

Gaia 98
Galg 175
Ganesja 18, 90
Ganges, rivier 112
Garuda 95
Geb 32
Gebed 31
Gebedswiel 68
Geboorte van Venus 88
Geel 18, 67
Geest en materie 121
Gehangene 90
Geit 91, 95, 166
Geliefden 173
Geluid 64, 65
Geluk 66
Genade 54
Geneeskunst 82
Geometrische vormen 54-59
Geraamte 48, 128, 176
Gerechtigheid 174
Gevleugelde zonneschijf 120
Gewaad 52, 126, 174
Gezang 74
God 26, 27, 54, 55, 57, 116, 120, 122, 130, 132
en mens 122
Goden 18, 26, 36, 132-135, 137
Azteekse 26, 134
Chinese 107
Egyptische 24, 26, 30, 57, 62, 66, 104, 109, 120, 126, 139, 144, 169
Griekse 14, 32, 64, 74, 82, 91, 92, 93, 96, 97, 100, 107, 113, 116, 121, 124, 128, 135, 151
Indiase 18, 26, 27, 33, 57, 75, 88, 89, 93, 95, 117, 125, 135, 168, 180
Noorse 16, 91, 115, 116
Romeinse 66, 72, 74
Godinnen 18, 26, 36, 77, 98, 132-135
Babylonische 64
Chinese 116, 133
Egyptische 32, 36, 37, 62, 85, 93, 98, 109, 121, 136, 161

Griekse 28, 91, 92, 100, 107, 115, 117, 121, 124, 127, 136, 164
Indiase 67, 74, 90, 93, 134, 180
Indiaanse 98
Noorse 107
Goed en kwaad 129
Goede Herder 91
Goud 66, 118, 119, 146
Gouden Vlies 66
Gouden Dageraad 144, 174
Graal 69
Graftombe 76
Granaatappel 106
Griffioen 83
Grimoire 144
Groen 67
Groene leeuw 151
Groene slang 56
Grot 23, 114
Grotschilderingen 22, 23
Guirlande 104
Gulzigheid 93
Gurdjieff, G.I. 141

Haan 56, 78, 83
Haar 75, 127
Haas 94
Hades 137
Halve maan 56, 121
Hamer 116
Hand 128
Handwerksman 68
Hanoman 90
Harnas 173, 174
Harp 74
Harpij 97
Hart 30, 128, 182, 183
Hathor 26
Havik 87
Hazelaar 100
Heilige Geest 52, 72
Heilige Graal 69
Heket 26
Heks 94, 136
Hel 55, 89, 137-138, zie ook Dood; Hemel
Held 29
Helena van Troje 127
Helios 121
Helm 93
Hemel 32, 34, 55, 137-138, zie ook Dood; Hel
Hemelse Tweeling 165
Hera 127, 164
Heraldiek 10, 66, 71
Heraldische dieren 83
Hercules 36

Hergeboorte 137
Hermafrodiet 32, 150
Hermes 36, 82, 151
Hermetica 144
Hert 92
Hiërofant 173
Hiëroglifen 10
Hogepriesteres 172
Homo universalis 58
Hond 84, 177
Honger 73
Honing 106
Hoorn 74
Hoorn des overvloeds 124
Horoscoop, oorsprong van de 158
Horus 26, 126, 144
Huis 155
   van God 177
Huwelijk 30-31, 122, 125
Hybridische wezens 30, 95-96
Hypnos 117

I Tjing 184-185
Ibis 24
Icarus 86
IJs 113, 138
Inari 84
Insekt 94, 137
Isis 36, 37, 57, 62, 93, 109, 121, 136
Isjtar 64

Jacobsladder 138
Jacobus van Compostela 88
Jade 119
Jaguar 85
Jakhals 84
Jaloezie 67
Jason en het Gulden Vlies 66
Jehova 55
Jekyll en Hyde 17
Jonas en de walvis 89
Joris 126
Jung, C.G. 8-12, 44, 46, 51, 130, 132, 151
   en alchemisten 12
   archetypen 11-17, 19, 30, 31, 32
   goden en mythen 26, 29
Juno 100
Jupiter 36, 66, 119, 163

Kabbala 31, 152-155, 169
Kabbalistische levensboom 122, 153
Kali 67, 180

Karma 129
Kasteel en kasteelgracht 76
Kat 67, 85, 136
Kathedraal 77
Keizer 173
Keizerin 172
Kelk 31, 172
Keltisch kruis 57
Kerk 76, 122
Kerstboom 37, 100
Kever 18
Kikker 26
Kleding 126
Kleur 52, 66-67, 149, 183
Klimop 100
Kluizenaar 174
Knoflook 105
Knoop 75
Koe 16, 26
Koendalini 180, 182-183
Komeet 121
Komfoor 147
Konijn 94
Koning 31, 32, 92, 136, 149, 151, zie ook Monarchie; Koningin
Koningin 32, 149, 151, zie ook Koning; Monarchie
   van de hemel 66, 71
Koord 75
Koperen slang 152
Korenschoof 106
Kosmos 53, 54
Kraal 68
Krab 89, 164
Kracht 175
Kreeft 89, 164
Krishna 33, 126
Krokodil 26, 30, 36
Kroon 71, 150, 173, 183
Kruiden 104, 105
Kruis 51, 52, 54, 71, 128, 173
   drievoudig 173
   Keltisch 57
   omgekeerd 57
   Rozenkruis 44, 57, 145
   swastika 57
Kruistochten 76
Kuan Yin 133
Kwarts 118

Laatste Avondmaal 107
Labyrint 22, 62
Ladder 138
Laksjmi 74
Lam 91
Lamp 71, 145
Lantaarn 111, 174
Lao Tse 92

Lapis lazuli 118
Lascaux 22, 23
Laurier 100, 179
Leda en de zwaan 87
Leeuw 30, 83, 95, 134, 147, 151, 162, 174, 175
Lei Koeng 116
Lelie 71, 129
Levensboom 87, 92, 112, 153-154
Levensdraad 75
Levenstijdperken 126
Lévi, E. 144, 145, 169
Lévi-Strauss, C. 28
Lichaam 58, 76, 104, 108, 126
Lier 74
Lingam 124, 125, 180
Loki 16
Lotan 82
Lotus 60, 105, 180
Lucas 89, 175
Lucht 55, 58, 66, 108, 109
Luchtgeest 108
Luchtslang 115
Lucifer 118

M 65
Ma-Koe 29
Maagd 167
Maan 56, 94, 120, 121, 147, 159, 164, 167, 177
Magiër 31, 136, 145, 172
Magritte, R. 47
Maïs 28, 106
Maïspop 124
Mala 68
Man en vrouw 32, 178, zie ook Anima/Animus; Huwelijk; Seksualiteit
Mandala 11, 34, 45, 58, 60-61, 65, 181
Mandorla 130
Mantel 126
Mantra 65, 68
Manu 27
Maretak 37, 104
Maria 37, 98, 118
Mars 66, 72, 119, 162, 164
Masker 23, 116, 130, 131
Maslow, A.H. 183
Materie en geest 122
Mathers, L. 'MacGregor' 174
Matiging 176, 177
Medaillon met haar 127
Meditatie 44
Medusa 58, 82, 109
Meipaal 125
Melk 36, 106
Mens 55, 122, 126, 174, 175

Menselijk lichaam 58, 76, 104, 108, 124, 126
Mercurius 36, 147, 148, 151, 165, 167
Meroe, berg 67, 114, 180
Minos 92
Minotaurus 63
Mirandola, G. P. della 152
Mist 113
Moeder 14, 16, 104
Moederschap 93
Moedra's 128
Monarchie 70, 71, zie ook Koning; Koningin
Monnik 129
Moros 117
Muis 78
Mythe 26-29

Naaktheid 126, 179
Naaldbomen 100
Nacht 117, 149
Narcissus 67
Natuur 67, 98
Negen 65
Nekhebet 98
Neolithische symboliek 25
Nephtys 36
Neptunus 113, 163
Nicolaas 109
Nieuw Jeruzalem 137
Nieuwe maan 121
Nigredo 128, 149
Nijlpaard 30
Nimbus 130
Nirwana 56, 61, 121, 139
Noach 72, 115
Nokomis 98
Nul 179
Nut 32, 161
Nyx 117

Occulte stelsels 144-145
Octopus 89
Oedipus 29
Oepanishads 120
Offer 31
Offerlam 91
Olielamp 71
Olifant 90
Olijftak 72
Onontwarbare knoop 75
Oog
   boze 58
   als geometrie 58
   van Grote Godin 77
   van Horus 57
   van jaguar 85

Oordeel 127, 178
Oorlog 66, 72-73
Oorlogswapens 68, 73, 82
Opposities 28, 34, 184
Orfeus 74
Os 92
Osiris 30, 57, 62, 104, 109, 139
Ouroboros 82
Ovaal 57, 58
Oven 148, 149
Overstroming 24, 27, 113

Paard 73, 83, 174
Paars 52, 67
Pad 94, 136, 137
Paddestoel 106
Pagode 114
Paleolithische symboliek 23-25
Palmboom 100
Pan 91, 100
Paradijs 104, 137
Parasol 48, 120
Parel 19, 119
Paris 107, 127
Patricius 112
Paus 173
Pauw 87
Pauzin 172
Pelgrimsstaf 129
Pelgrimstocht 88
Pelikaan 86
Pentagram 59
Pentakel 59, 172
Persephone 106
Perseus 109
Perzik 107
Petrus 89
Pijl (en boog) 73, 128, 163
Piramide 59
Planeten 158-160
Planten 104-105
Ploeg 120
Pluim 71
Pluto 164
Poseidon 113
Prana 109, 182
Prehistorische symbolen 23-25
Priester 136, 173
Prometheus 111
Psychoanalyse, zie Jung, C.G.
Ptolemaeus 156, 158

Quarantaine 67
Quetzalcoatl 51, 134

Ra 66, 120
Raaf 86, 87
Raam 77
Rad van fortuin 175
Radha 33
Ram 110, 162
Rat 117
Regen 25, 85, 113
Regenboog 52, 115, 149
Rig Veda's 132
Rijksappel 71, 173
Ring 75, 104
Ritueel 30-31
Rivier 112, 139
Rivierkreeft 177
Robijn 118, 119
Romulus en Remus 84
Ronde tafel, 69
Rood 52, 66, 149, 174, 175, 188
Rook 110
Roos 104, 147
Rouw 67
Rozenkruis 44, 57, 145
Rozemarijn 105
Rozenkrans 68

Saffier 119
Salamander 108
Salome 15
Salomonszegel 58
Satan 17, 19, 55, 85, 91, 94, 96, 117, 129
Sater 96
Saturnus 126, 135, 165, 166
Scarabee 18
Scepter 71, 172, 173
Schaap 91
Schaduw 14, 16, 17, 130
Schat 76
Schelp 88, 89, 122
Scheppingsmythe 28, 123
Schikgodinnen 75
Schild 71, 82, 83
Schildpad 98
Schip 15, 110
Schorpioen 164
Schrift 145
Seksualiteit 12, 117, 122, 124-125, 180

Selene 121
Semele 116
Set 93
Sfinx 95, 174, 175
Shakti 124, 180
Shiva 26, 117, 124, 125, 134, 135, 180
Shou-lao 107
Sieraden 94, 118-119
Sierstenen 118-119
Sikkel 176
Sirene 97
Sjamaan 32, 92, 116, 126, 130
Sjen Ye 18
Skelet 48, 128, 176
Slaap 117
Slang 78, 82, 86, 95, 98, 118, 147, 153, 165, 167
Slangdraak, zie Basilisk
Smaragd 119
Sneeuw 113
Spijkers 31
Spin 94
Spiraal 75
Sprookje 118
Sri Yantra 60, 180
Stad 174
Staf 138
Steen 149
Steen der wijzen 146, 148
Stenen cirkel 77
Steenbok 166
Ster 55, 84, 120, 174, 177
Sterrenkaarten 160, zie ook Ster
Sterrenkroon 71, zie ook Astrologie
Stier 92, 167
Stoepa 59
Stoom 112
Stoombad-plechtigheid 112
Stralenkrans 130
Stroom 112
Styx, rivier 139, 176
Swastika 57

Talisman 68
Tamarisk 100
Tantra 180-181
Tarot 168-179

Tartarus 137
Tau 57
Tempel 76, 77
Tetragrammaton 133, 145
Thanatos 117
Theseus 63, 126
Thor 91, 116
Thot 24, 30, 144, 169
Tien 134, 153-154
Tien Moe 116
Tijger 85
Tijm 105
Tir Nan Og 67
Tongen 110
Toren 177
Totempaal 25
Tovenaar 136
Tovenares 29
Toverstokje 179
Trancetoestand 25
Tristan en Isolde 32
Trommel 74
Trompet 178
Trompetschelp 89
Troon 70, 152, 154
Tsitigarbharaja 138
Tuin 99, 105, 137
Twee 34, 165
Tweelingen 165

Uil 136
Uranus 88, 165

Vader 14
Vadertje Tijd 128
Vajravarahi 93
Valk 26, 83
Vallei 114
Vampier-vleermuis 117
Varken 56, 78, 93
Veer 30, 86
Venus
  astrologie 166, 167
  beeldhouwwerk 25, 68
  godin 36, 66, 88, 92
Verstrengelde slangen 82
Verzorgster der goden 117
Vier 41, 58, 64, 73, 153-154, 175, 179

Vierkant 54, 55, 59, 60
Vis 10, 88, 89, 163
Visjnoe 26, 27, 33, 57, 75, 88, 89, 90, 93, 95, 168
Visnet 89
Vissen 163
Vlam 44, 59, 135
Vlammend zwaard 139
Vlammende ketel 117
Vleermuis 94
Vlieg 94
Vliegen 86-87
Vlinder 78
Vlot 112
Voedsel 106, 107
Voet 128
Voetafdruk 128
Vogel 86-87, 98, 151
Volle maan 121
Vormen 52
Vos 84
Vrede 72
Vruchtbaarheid 25, 30, 104, 124-25
Vulkaan 114
Vuur 54, 58, 83, 108, 110-111, 138, 147, 158, 162-163, zie ook Vlam
Vuurwerk 111

Waarzeggen 144, 170, 184-185
Wagen 28, 72, 154, 174, 177
Waite 169
Walhalla 137, 139
Walvis 89
Wapen 71
Wapenkunde, zie Heraldiek
Wassende maan 121
Water 54, 55, 58, 59, 66, 106, 108, 112-113, 158, 163-164
Waterdrager 165
Watergeest 108
Waterjuffer 78
Waterman 165
Weegschaal 166
Weerwolf 84, 117
Wetenschap en astrologie 160-161
Wiel 56, 68, 182
Wierook 110

Wijn 31, 106, 107
Wijnruit 105
Wild zwijn 93
Wit 52, 67, 87, 149
Witte olifant 90
  roos 147
  stier 92
  varken 93
Wolf 16, 84, 177, 179
Wolk 113
Wolvin 16, 84

Yama 56
Yantra 34, 60-61
Yin en yang 32, 113, 129
Yoga 122
Yoni 180

Zalm 88
Zammoerrad 17
Zand 18
Zandloper 68, 128
Zee 27, 96, 97, 113, 159
Zeemeermin 97
Zeilschip 109
Zestien helleregio's 138
Zeug 93
Zeus 32, 36, 91, 92, 93, 113, 116
Zeven 25, 58, 64, 110, 177, 182
Zevenkoppige slang 82
Ziekte 67, 117
Zijden koord 75
Zilver 71, 118, 119
Zon 57, 66, 120, 147, 158, 159, 162, 166, 178
Zondvloed 24, 27, 113
Zonneschaduw 120
Zuivering 30
Zwaan 87
Zwaard 73, 75, 83, 129, 139, 145, 172, 174
Zwart 66, 67, 149
Zwijn 93